KB161289

국가와 혁명

더 레프트 클래식 3

국가와 혁명

마르크스주의 국가론과 혁명에서 프롤레타리아트의 임무

블라디미르 일리치 레닌 지음
문성원 · 안규남 옮김

2015년 11월 23일 2판 1쇄 발행
1992년 3월 20일 초판 1쇄 발행

펴낸이 한철희
펴낸곳 돌베개
등록 1979년 8월 25일 제406-2003-000018호
주소 (10881) 경기도 파주시 회동길 77-20 (문발동)
전화 031-955-5020
팩스 031-955-5050
홈페이지 www.dolbegae.com
전자우편 book@dolbegae.co.kr
블로그 imdol79.blog.me
트위터 @dolbegae79
페이스북 /dolbegae

편집 윤현아 · 남미은
표지 디자인 김동신
본문 디자인 김동신 · 이은정
마케팅 심찬식 · 고운성 · 조원형
제작 · 관리 윤국중 · 이수민
인쇄 · 제본 영신사

ISBN 978-89-7199-699-7 94130 / 978-89-7199-698-0 (세트)

이 도서의 국립중앙도서관 출판예정도서목록(CIP)은 서지정보유통지원시스템 홈페이지
(http://seoji.nl.go.kr)와 국가자료공동목록시스템(http://www.nl.go.kr/kolisnet)에서
이용하실 수 있습니다.(CIP제어번호: CIP2015031048)

더
레
프
트
클
래
식
3

국가와 혁명

마르크스주의 국가론과 혁명에서 프롤레타리아트의 임무[1]

블라디미르 일리치 레닌 / 문성원·안규남 옮김

돌베
개

1   레닌의 저서 『국가와 혁명』은 1917년 8월부터 9월까지 비합법 상태에서 쓰였
    다. 레닌은 이미 1916년 가을과 1917년 초에 국가의 문제, 미래의 프롤레타리
    아 국가권력의 성격과 형태에 집중적인 관심을 갖고 있었고 국가에 대한 마
    르크스주의 저술과 자료들을 모아놓았다(W. I. 레닌, 『마르크스주의와 국가』
    Marxismus und Staat, 베를린, 1960을 보라).
    『국가와 혁명』은 마르크스주의 국가론의 기본 저작에 속한다. 이 저서에서 레
    닌은 좌우익 기회주의에 의한 왜곡과 대결하면서 마르크스주의 국가론을 포
    괄적이고 체계적으로 서술하고 있으며, 제국주의 시대와 사회주의혁명의 성숙
    이라는 여건을 고려하는 가운데 이를 더욱 발전시키고 있다. 원래 『국가와 혁
    명』은 일곱 개의 장으로 구성될 계획이었지만, 레닌은 마지막 제7장, 「1905년
    과 1917년의 러시아 혁명의 경험」을 쓰지 못하고 말았다. 이 장에 대해서는 상
    세한 계획만이 남아 있을 뿐이다(『마르크스주의와 국가』, pp. 124~125을 보
    라). 초고의 첫 장에는 저자가 '이바노프스키'F. F. Iwanowski라는 가명으로 적
    혀 있다. 레닌은 이러한 가명으로 자신의 저서를 출판하고자 하였다. 그렇게
    하지 않으면 임시정부가 그 책을 압수할 것이기 때문이었다. 그런데 이 책은
    1918년에 비로소 출판되었으므로 가명을 사용할 필요가 없었다. 두 번째 판은
    1919년에 발간되었는데, 레닌은 이때 제2장에 '1852년의 마르크스의 문제 설
    정'이라는 새로운 절을 끼워 넣었다.

1917년 8~9월에 쓰임.
본문 제4장 3절은 1918년 12월 17일 이전에 쓰임.
페트로그라드에서 '삶과 앎' 출판사가
단행본으로 1918년 출판.
모스크바-페트로그라드에서 '코뮌' 출판사가
1919년 출판한 책을 참고하여 1917년에 쓰인 초고에 따라 번역.

1917년 7월 4일 러시아의 페트로그라드(현 '상트페테르부르크')에서 50만 명이나 되는 병사와 노동자들이 '임시정부를 타도하자', '모든 권력을 노동자·병사 소비에트로' 등의 구호를 내걸고 대대적인 무력시위에 나섰다. 핀란드에서 요양 중에 급히 귀국한 레닌은 노동자들이 권력을 장악할 준비가 되어 있지 않다고 보고 평화적 시위를 호소했지만, 극에 달한 대중의 불만과 분노를 잠재울 수는 없었다. 대중들의 자발적 시위는 곧바로 임시 정부에 의해 진압되었고, 볼셰비키들에 대한 전면적 탄압이 시작되자 레닌은 체포를 피해 다시 국외로 망명했다. 이후 러시아 우파 세력은 볼셰비키를 비롯한 혁명 세력들을 척결하라는 목소리를 높이게 되고, 임시정부는 코닐리코프를 러시아군 총사령관으로 임명한다. 우익 세력의 지지를 등에 업은 코닐리코프는 쿠데타를 시도하지만 볼셰비키를 비롯한 사회민주적 정당들과 노동자, 병사 조직들의 강력한 저항 앞에 쿠데타는 9월 1일 실패로 끝났다. 이 과정에서 결정적 역할을 한 볼셰비키 세력이 급성장하게 되고 권력 장악의 문제가 현실로 대두되게 된다. 그러나 볼셰비키는 권력 장악 방식을 둘러싸고 분열한다. 볼셰비키를 중심으로 한 무장 봉기의 필요성을 강력히 주장하던 레닌은 마침내 10월 24일 페트로그라드로 돌아와 볼셰비키를 이끌게 되고, 다음날인 10월 25일 사실상의 '무혈 혁명'에 성공한다.

레닌이 『국가와 혁명』을 쓴 것은 1917년 8월과 9월 동안이었다. 이 기간은 러시아에서 반혁명, 코닐리코프의 쿠데타, 볼셰비키 세력의 주도 세력으로의 부상 등 결정적인 상황 변화가 거듭되던 때였다. 레닌이 이렇듯 중차대한 시기에 『국가와 혁명』을 쓴 것은 단순한 이론적 관심사 때문이 아니라 혁명의 실질적인 요구에 부응하기 위해서였다. 무엇보다 국내외의 사회주의자 내부에 만연해 있던 국가에 관한 기회주의적 편견을 깨부수기 위해서였다.

레닌은 『가족, 사유 소유, 국가의 기원』, 『반뒤링론』, 『철학의 빈곤』, 『공산당 선언』, 『루이 보나파르트의 브뤼메르 18일』, 『프랑스 내전』, 『고타강령 비판』 등에 등장하는 마르크스와 엥겔스의 논의들을 토대로 국가에 관한 기회주의적 편견들을 공격한다.

마르크스와 엥겔스에 따르면, 국가는 계급 지배의 기관이자 한 계급이 다른 계급을 억압하기 위한 기관으로 계급 갈등을 완화함으로써 그러한 억압을 정당화하고 영속화하는 질서를 만들어낸다. 따라서 마르크스와 엥겔스는 계급의 소멸과 더불어 국가도 소멸된다는 국가 사멸론을 주장한다.

레닌은 이러한 마르크스주의 국가론이 두 가지 방향으로 왜곡되고 있다고 본다. 하나는 국가가 계급 대립과 계급투쟁이 있는 곳에서만 존재한다는 것은 인정하되 국가를 계급 화해의 기관으로 보는 견해이다. 레닌은 1917년 러시아 혁명 기간에 임시 정부에 참여하거나 지지한 사회혁명당과 멘셰비키가 이러한 화해 이론에 완전히 물들어 있었다고 비판한다. 다른 하나는 제2인터내셔널의 대표적 이론가로서 유럽만이 아니라 러시아에도 강력한 추종자들을 거느리고 있던 카우츠키의 견해이다. 레닌은 이 견해는 국가가 계급 지배의 도구이고 계급 대립이 결코 화해될 수 없다는 것을 인정하지만 피억압계급의 해방이 국가권력기구를 파괴하는 폭력혁명을 통하지 않고서는 불가능하다는 사실은 외면한다고 지적한다.

레닌은 기존의 국가기구를 파괴하는 폭력혁명의 불가피성을 마르크스와 엥겔스의 국가 이론에서 핵심 부분이라고 본다. 흔히 마르크스 이론에서 본질은 계급투쟁이라고 하지만 레닌은 이것이 옳지 않다고 말한다. "단지 계급투쟁만 인정하는 사람은 아직 마르크스주의자가 아니다. 그는 아직 부르주아적 사상과 부르주아적 정책의 범위를 벗어나지 못한 사람일 수 있다. (……) 계급투쟁을 인정하는 데서 더 나아가 프롤레타리아독재까지 인정하는 사람만이 마르크스주의자다. 바로 이것이 마르크스주의자와 보통의 프티부르주아 간의 가장 근본적 차이다. 바로 이것이 마르크스주의에 대한 진정한 이해와 인정의 기준이 되어야 한다."

결국 레닌에 따르면, 진정한 마르크스주의자와 사이비 마르크스주의자를 가르는 결정적 기준은 국가기구를 파괴하는 폭력혁명과 프롤레타리아독재에 대한 태도이다. 기회주의자, 개량주의자, 카우츠키파는 사회주의혁명이 프롤레타리아트의

9

국가권력 장악에 의해 완수된다고 본다. 하지만 레닌은 프롤레타리아 혁명이 부르주아 국가기구를 장악하는 데 그쳐서는 안 되고 관료제와 상비군으로 대표되는 부르주아 국가기구를 파괴하는 데까지 나아가야 한다고 본다. 그 이유는 기존의 국가기구를 장악하는 것만으로는 계급과 국가의 소멸이라는 궁극적 목표에 도달할 수 없다고 보기 때문이다. 국가는 그것이 설혹 프롤레타리아독재, 즉 프롤레타리아 민주주의라고 해도 국가인 한에서 억압과 지배를 행하는 기관이고 결국은 인간들의 자유로운 발전을 저해하기 때문이다.

이렇듯 모든 국가는 피억압계급에 대한 특수한 억압 권력이고, 따라서 어떤 국가도 자유롭지 않으며 인민의 국가일 수 없다. 하지만 사회주의혁명을 위한 치열한 계급투쟁의 시기에 국가는 새로운 종류의 독재 국가여야 한다. 다시 말해 혁명 직후의 국가는 프롤레타리아독재여야 한다. 그런데 프롤레타리아독재는 바꾸어 말하면 프롤레타리아 민주주의이다. 프롤레타리아독재는 소수인 부르주아에 대해 지배와 억압을 행하지만 다수인 프롤레타리아가 지배를 행하기 때문이다. 프롤레타리아독재는 부르주아 독재와 부르주아 민주주의에 비해 민주주의의 본래 개념에 훨씬 더 가까운 프롤레타리아 민주주의이다.

그렇다면 프롤레타리아독재는 파괴된 국가기구를 무엇으로 대체할 것인가? 기존의 국가기구가 수행하던 행정적 역할을 대신할 기구는 무엇인가? 레닌은 자신이 완전히 환상 속에서 새로운 사회를 만들어내는 유토피아주의자가 아니라고 밝힌다. "우리는 공상가가 아니다." 그는 파리코뮌에 대한 마르크스의 분석에서 이 물음에 대한 실천적 해결책을 모색한다. 레닌은 "코뮌은 부르주아 국가기구를 분쇄하려는 프롤레타리아 혁명의 첫 시도이며 분쇄된 것을 대체할 수 있고 또 반드시 대체해야 할 '마침내 발견된' 정치 형태"라고 말한다.

코뮌의 경험에 대한 마르크스와 엥겔스의 분석을 바탕으로 레닌은 다음과 같이 주장한다. 대의기관이 없는 민주주의를 생각할 수 없듯이, 프롤레타리아 민주주의도 민주주의인 한 대의기관이 없을 수 없다. 또한 관료제를 단번에 남김없이 폐지한다는 것은 불가능하고 공상에 불과하다. 의회제에서 빠져 나오는 길은 대표기관들을 수다 떠는 장소에서 일하는 단체로 바꾸어놓는 데 있다. 관료제에서 빠져 나오는 길은 관료적 기구 자체를 폐지하는 데 있는 것이 아니라 모든 공직사를 선서로 선출하고 어느 때나 소환할 수 있게 하는 것, 그들의 보수를 보통의 노동자 임금 수준으로 낮추는 등의 민주주의적 조치들이다. 전체 인민이 국가권력의 기능을 수행하는 데 더 많은 부분을 담당하는 것이다. 한마디로, 기존의 국가기구를 근원적으로 다른 종류의 기구로 바꾸어놓는 것이다. 가장 완전하고 철저하게 민주주의를 실행하는 것, 가장 철저한 민주적 중앙집권제를 실현하는 것이다. 이제 특정한 계급을 억누르기 위한 특수한 권력으로서의 국가는 더 이상 고유한 의미의 국가가 아닌 것으로 전화되기 시작한다. 대다수 인민 자신이 그들의 억압자를 억압한다면, 특수한 억압 권력은 이미 더 이상 필요하지 않기 때문이다. 이런 의미에서 국가는 사멸하기 시작한다.

국가의 사멸 과정은 얼마 동안 지속될 것인가? 레닌은 국

11

가가 언제쯤 사멸할 것인가에 대해 말하는 것은 불가능하다고 인정한다. 그는 국가의 사멸이 틀림없이 장구한 과정일 것이고 공산주의의 발전 속도에 달려 있다는 것만 말할 수 있을 뿐 이 문제의 해결에 필요한 자료가 없다는 정당한 이유를 들어 사멸의 시기나 구체적 형태는 미해결 문제로 남겨둔다.

다만 레닌은 『국가와 혁명』 5장에서 국가 사멸을 위한 조건으로서의 경제적 기초에 대해 다룬다. 여기서 레닌은 마르크스의 『고타강령 비판』에 근거해 공산주의 사회를 첫 단계 혹은 낮은 단계와 높은 단계로 구분한다. 공산주의 사회의 낮은 단계는 자본주의라는 태내에서 방금 나왔으며 모든 면에서 낡은 사회의 흔적이 남아 있는 공산주의 사회, 생산 수단을 공동 소유로 만든 만큼만 부르주아적 권리가 사라질 뿐 나머지 부분에서는 여전히 그 권리가 남아 있는 사회이다. 이 사회는 "동일한 양의 노동에는 동일한 양의 생산물"이라는 사회주의 원칙이 이미 실현된 사회이다. 그러나 개인 간에 차이가 있다는 점을 고려할 때, 이러한 분배 원리는 여전히 부르주아적 평등, 즉 사실상의 불평등, 불공정을 전제한다. 평등하지 않은 사람들의 평등하지 않은 노동량에 대해 평등한 양의 생산물을 주는 부르주아적 권리를 아직 제거하지 못하고 있다. 따라서 생산수단에 대한 사회적 소유를 수호하면서 노동에서의 평등과 생산물 분배의 평등을 수호해야 할 국가는 아직 존속한다. 이와 달리 공산주의 사회의 높은 단계는 국가가 완전히 사멸한 사회이다. 이 사회는 누구나 능력에 따라 일하고 필요에 따라 분배받는 원칙이 실현되는 사회이고, 사람들이 사회적 공동 생활의 기본 규칙을 지키는 데 익숙해진 사회이고, 자기의 능력에 따라 자발적으로 일하게 될 정도로 노동이 생산적이 된 사회이다.

레닌이 말하는 공산주의 사회의 높은 단계는 과연 실현 가능한가?『국가와 혁명』의 한 대목이 답이 될 것 같다. "마르크스는 사회주의 정치 투쟁의 전체 역사에서 출발하여 국가는 소멸되어야 하며, 그 소멸의 과도적 형태는 '지배계급으로 조직된 프롤레타리아트'일 것이라고 결론지었다. 그러나 그는 미래의 정치 형태를 발견하려고 하지 않았다. 그는 프랑스 역사에 대한 정확한 관찰에 국한해 이를 분석함으로써 1851년의 경험에서 얻은, 즉 사태는 부르주아 국가기구의 파괴로 나아가고 있다는 결론을 이끌어냈다." 마찬가지로 레닌이 제시한 공산주의 사회의 높은 단계에 대한 서술도 1917년의 러시아 혁명 과정에 대한 경험에서 이끌어낸 결론일 뿐 미래의 정치 형태에 대한 예언이나 발견은 아니라고 보는 게 공정할 것이다.

『국가와 혁명』은 제7장에서 중단된 미완성의 저서이다. 레닌은 초판 후기에 7장에 대한 복안을 세워놓고 있었지만 1917년 10월 혁명 전야의 정치적 위기가 '방해'해서 제목 외에는 단 한 줄도 쓸 수 없었다고 말한다. 그의 말을 직접 들어보자. "이러한 '방해'는 오직 기뻐해야 할 일일 뿐이다. 이 글의 제2부는 아마도 오랫동안 보류해야 할 것 같다. '혁명의 경험'을 쌓는 것이 그것에 대해 쓰는 것보다 더 즐겁고 유익한 일이기 때문이다."

2015년 11월
문성원, 안규남

13

초판 옮긴이의 말

알다시피 『국가와 혁명』은 집필 당시까지의 마르크스주의 국가론 및 혁명론의 성과를 총괄한 마르크스-레닌주의의 가장 중요한 고전적 저작 중 한 권이므로 그 중요성에 대해서는 새삼 언급할 필요가 없을 것이다. 물론 '고전'이 오늘날 제기되는 모든 문제에 대한 해답을 직접 제시해주리라고 기대하는 것은 그 저작을 단순히 지나간 시대의 산물로 묻어버리는 것 못지않게 잘못된 태도다. 무릇 고전의 적극적 의미는 현실과 맺는 긴장관계 속에서 충실히 드러나는 것이고, 따라서 고전은 항상 새롭게 읽힐 필요가 있다. 『국가와 혁명』이야말로 세계사적 사건인 사회주의권의 변혁이 진행되고 있는 오늘의 상황 속에서 그러한 고전의 의미를 더욱 확실히 부각시켜주는 저작이라고 할 수 있다.

이 번역은 1990년 초 한국철학사상연구회의 이데올로기 분과에서 진행한 민주주의론 및 국가철학 세미나의 부산물이다. 세미나 프로그램 중 일부로 『국가와 혁명』의 내용을 검토하는 중에 이 저작에 대한 우리말 번역본들이 많은 문제를 안고 있다는 점이 여러 차례 지적되었다. 그러던 터에 마침 돌베개 출판사에서 마르크스-레닌주의 고전들에 대한 번역 의뢰가 들

14

어와,『국가와 혁명』을 재번역하는 것이 의미가 있으리라 생각하고 세미나 성원 중 한두 사람이 이 일에 착수하기로 하였다. 그러나 이 일은 생각만큼 손쉽지 않았다.『국가와 혁명』이라는 저작의 비중과 재번역이라는 사실이 여타의 번역 작업보다 역자들에게 더 많은 부담을 주었다. 또 역자들이 이 번역 작업에만 전념할 수 있는 처지도 아니었던 까닭에 많지 않은 분량임에도 불구하고 꽤 시간이 걸렸으나 그에 비해 충분히 만족할 만한 성과가 나온 것 같지는 않다.

아무튼 역자들은 우리말의 어법에 크게 어긋나지 않는 한 될 수 있는 대로 의역을 피하여 자의적인 해석의 여지를 없애고자 노력했다. 미흡하나마 이 번역본이 레닌의 저작을 좀더 정확히 이해하는 데 도움이 되기를 바란다.

1992년 2월
문성원, 안규남

초판 옮긴이의 말

일러두기

1 이 책은 독일어판 『선집』(W. I. Lennin, *Ausgewählte Werke* in sechs Bänden, Band Ⅲ, Verlag Marxitische Blätter GmbH, Frankfurt am Main, 1971)을 우리말로 번역한 것이며 영어판과 기존 우리말 번역본들을 참조했다.

2 각주에는 지은이, 독일어판 엮은이, 영어판 엮은이의 것이 있으며, 지은이와 영어판 엮은이의 주는 문장 끝에 작성자를 밝혀놓았다.

3 원서의 이탤릭체는 고딕체로 바꾸어 표시했다.

4 단행본에는 겹낫표(『 』)를, 논문과 기사에는 낫표(「 」)를 썼다.

5 외국 인명과 지명, 도서명은 국립국어원의 외래어 표기법과 용례를 따랐다. 다만 국내에서 이미 굳어진 인명과 지명의 경우에는 통용되는 표기로 옮겼다. 또한 이미 국내에 번역 출간된 도서는 원저 제목과 다르더라도 번역서 제목을 그대로 썼다.

6 의미전달을 명확히 하기 위하여 필요한 경우에는 원어나 한자를 병기했다.

차례

초판 서문

국가문제는 현재 이론적인 면만이 아니라 실천적·정치적인 면에서도 특별한 중요성을 지닌다. 제국주의 전쟁은 독점자본주의에서 국가독점자본주의로의 이행 과정을 극도로 가속화하고 강화하였다. 국가는 막강한 자본가 동맹들과 갈수록 더 긴밀히 결합하여 근로대중에게 점점 더 엄청난 압제를 가하고 있다. 선진국들―그 전선戰線이 아니라 후방―은 노동자들을 가두어놓는 군사감옥으로 변해가고 있다.

　장기간에 걸친 전쟁이 가져온 전대미문의 공포와 참혹함으로 인해 인민들의 처지는 더는 견딜 수 없는 지경에 이르렀고 그들의 분노가 끓어오르고 있다. 국제 사회주의혁명의 분위기가 완연히 무르익고 있다. 이 점에서 국가와 혁명의 관계 문제가 실천적 중요성을 얻고 있는 것이다.

　수십 년간 비교적 평화로운 발전기를 거치면서 축적되어온 기회주의 요소들은 전 세계의 공식적 사회주의 정당들 내에 사회배외주의Sozialchauvinismus라는 지배적 조류를 탄생시켰다. 말로는 사회주의를 외치지만 실제로는 배외주의인 이러한 조류(러시아의 플레하노프Plechanow, 포트레소프Potressow, 브레스콥스카야Breschkowskaja, 루바노비치Rubanowitsch, 그리고 다소 베일에 싸

20

인 체레텔리Zereteli와 체르노프Tschernow 씨 및 그 일파, 독일의 샤이데만Scheidemann, 레긴Legien, 다비트David 및 여타 인물들, 프랑스와 벨기에의 르노델Renaudel, 게드Guesde, 반데르벨드Vandervelde, 영국의 힌드만Hyndman과 페비안주의자[2] 등등)의 특징은 소위 '사회주의 지도자들'이 '자기네' 나라 부르주아지의 이익뿐만 아니라 특히 '자기네' 국가의 이익에 노예처럼 비열하게 순응하고 있는 데서 잘 드러난다. 이러한 순응의 배경은 이른바 열강들 대다수가 오랫동안 모든 약소민족을 착취하고 억압해왔다는 데 있다. 제국주의 전쟁은 이 같은 약탈품 분할이나 재분할을 둘러싸고 벌어진 전쟁이다. 부르주아지의 영향, 그 가운데 특히 제국주의적 부르주아지의 영향에서 벗어나려는 근로대중의 투쟁은 '국가'에 관한 기회주의적 편견에 맞선 투쟁 없이는 불가능하다.

여기에서는 먼저 국가에 관한 마르크스와 엥겔스의 이론을 살펴보고 그중 특히 망각되었거나 기회주의적으로 왜곡된 측면들을 상세히 살펴보고자 한다. 그런 다음 이 왜곡의 주요한 대표자, 즉 제2인터내셔널(1889~1914)의 가장 잘 알려진 지도자이자 현 전쟁 기간 중에 비참한 파산을 맞이한 인물인 카를 카우츠키Karl Kautsky를 특별히 다룰 것이다. 마지막으로는 1905년

---

2   1884년 영국에서 창립된 기회주의적 조직 '페비안협회' 성원들을 말한다. 이 협회의 명칭은 결전을 피하고 관망하는 전술을 편 것으로 유명한 로마의 지휘관 페비우스 쿤크타토르Fabius Cunctator의 이름을 따서 지어진 것이다. 페비안협회 회원들은 주로 부르주아적 지식인(과학자, 문필가, 정치가)이었다. 이들은 프롤레타리아 계급투쟁과 사회주의혁명의 필연성을 부인하고, 소규모 개혁을 통하여 자본주의에서 사회주의로 평화롭게 이행할 수 있다고 설교하였다.

21

과 특히 1917년의 러시아 혁명 경험이 남긴 주요한 결과를 총괄해보겠다. 1917년의 혁명은 현재(1917년 8월 초) 그 첫 번째 발전 국면을 끝맺고 있는 듯하다. 그러나 이 혁명 전체는 제국주의 전쟁이 야기한 프롤레타리아 사회주의혁명이라는 사슬의 한 고리로 파악될 때에만 제대로 이해될 수 있다. 따라서 프롤레타리아 사회주의혁명과 국가의 관계 문제는 실천적·정치적으로 중요한 의미를 지닐 뿐만 아니라 자본주의의 족쇄에서 해방되기 위해 당장 무엇을 해야 할 것인가를 대중에게 설명해주는 문제라는 점에서 매우 급박한 중요성을 갖는다.

1917년 8월
레닌

2판 서문

이 2판은 거의 아무런 수정 없이 출판되었다. 단지 제2장 3절이 덧붙여졌을 뿐이다.

1918년 12월 17일
모스크바에서 레닌

제1장
계급사회와 국가

1 국가: 화해 불가능한 계급대립의 산물

현재 마르크스의 이론을 두고 일어나고 있는 일들은 피억압계급 해방을 위해 투쟁해온 혁명적 사상가들과 지도자들의 이론을 두고 역사 속에서 이미 다반사로 일어났던 일들이다. 위대한 혁명가들은 살아생전 억압계급에게 끊임없는 탄압을 받았다. 억압계급은 위대한 혁명가들의 이론을 가장 야만적인 적의와 가장 광적인 증오로 대했으며 걷잡을 수 없을 만큼 허위와 중상모략을 퍼부었다. 위대한 혁명가들이 죽은 뒤에는 그들을 무해한 우상으로 변질시키려는 시도, 말하자면 그들을 성인 명부에 올려놓으려는 시도가 이루어진다. 그들의 **이름**에는 피억압계급을 '위안'하고 기만하기 위해 어느 성노의 명성이 부여되지만, 그들의 혁명 이론은 **내용**을 박탈당하고 혁명적 예리함을 잃은 채 속류화되고 만다.

오늘날 부르주아지와 노동운동 내부의 기회주의자들은 힘을 합쳐 마르크스주의에 대한 이러한 '각색'을 행하고 있다. 그들은 마르크스주의의 혁명적 측면과 혁명적 정신을 누락시키고 밀어내버리며 왜곡하고 있다. 그들은 부르주아지가 받아들일 만한 부분이나 그렇게 보이는 부분만을 전면에 내세우고 찬양한다. 오늘날 사회배외주의자들은 전부 '마르크스주의자들'이다 ― 이렇게 심한 농담을! 그리고 어제까지만 해도 마르크스주의 근절의 전문가였던 독일 부르주아 학자들이 오늘은 마르크스를 '애국적인 독일인'이라고 말하는 일이 갈수록 늘어나고 있다. 약탈전쟁을 위해 매우 잘 조직된 노동단체들을 길러낸 이

27

가 바로 마르크스라는 것이다!

　마르크스주의가 이토록 전례 없이 광범위하게 왜곡되고 있는 상황에서 우리가 제일 먼저 해야 할 일은 마르크스의 국가론을 **원상복구**하는 일이다. 그러자면 마르크스와 엥겔스의 저작들에서 많은 부분을 길게 인용해야 할 것이다. 물론 그렇게 되면 서술이 매끄럽지 못하고 대중들이 이해하는 데도 결코 도움이 되지 않겠지만, 그렇다고 인용을 하지 않을 수는 없다. 마르크스와 엥겔스의 저작들 가운데 국가문제에 관한 구절은 가능한 한 모두, 아니 적어도 핵심 구절만은 모두 인용하여, 독자들 스스로 과학적 사회주의의 토대를 마련한 이 두 사람의 전체적 견해와 그 견해의 발전을 판단할 수 있게 해주어야 한다. 또 그럼으로써 현재 횡행하는 '카우츠키류'에 의한 왜곡을 실증적으로 검증하고 폭로할 수 있을 것이다.

　먼저 1894년에 슈투트가르트에서 이미 6판이 간행된 엥겔스의 가장 널리 알려진 저작『가족, 사적 소유, 국가의 기원』*Der Ursprung der Familie, des Privateigentums und des Staats*부터 시작하자. 이 저작의 러시아어 번역판은 많지만 대부분 번역이 불완전하거나 매우 불만족스럽기 때문에 여기에서는 독일어 원본을 직접 번역하여 인용하고자 한다. 엥겔스는 역사적 분석을 요약하면서 다음과 같이 말하고 있다.

　　따라서 국가는 결코 외부에서 사회에 강요된 권력이 아니다. 국가는 헤겔의 주장과 달리 '인륜적 이념의 현실태', '이성의 형상이나 현실태'가 아니다. 국가는 일정한 발전단계에 이른 사회의 산물이다. 국가라는 존재는 그러한 사회가 해결 불가능한 자기모순에 봉착했고 도저히 떨쳐버릴 수 없는 화해 불가능한 대립물들로 분열되었다는 사실을 인정하는 것이다. 그러나 이 대립물들, 즉 경제적으로 서로 모순되는 이해관계를 지닌 계급들이 무익한 투쟁을 통해 자신과 사회를 파멸시키지 않게 하려면 외관상 사회 위에 서 있는 권력, 즉 갈등을 완화하고 '질서'의 한계 내에서 제어할 권력이 필요하게 되었다. 사회에서 생겨났지만 사회 위에 서서 사회로부터 점점 더 소외되어가는 이러한 권력이 바로 국가이다.(독일어 제6판, 177~178쪽)[3]

이 인용문에는 국가의 의미와 역사적 역할에 대한 마르크스주의의 기본 사상이 아주 분명하게 드러나 있다. 국가는 계급대립에 따른 **화해 불가능성**의 산물이자 표현이다. 국가는 계급대립이 객관적으로 화해될 수 없는 곳에서, 객관적으로 화해될 수 없는 때에, 객관적으로 화해될 **수 없는** 한에서 생겨난다. 바꿔 말해 국가의 출현은 계급대립이 화해 불가능하다는 사실을 입증해주는 것이다.

　　마르크스주의에 대한 왜곡은 주로 두 가지 방향으로 이루어지는데, 두 가지 모두 가장 중요하고 기본적인 이 점을 왜곡

3　　엥겔스, 『가족, 사적 소유, 국가의 기원』, 마르크스-엥겔스 독어판 전집(MEW), 제21권, p. 165. 이하 제1장 3절까지 레닌은 엥겔스의 이 저서(위의 책, pp. 165~168)를 인용하고 있다.

계급사회와 국가

하며 시작한다.

　한편에는 논란의 여지가 없는 역사적 사실의 압력에 떠밀린 나머지 계급대립과 계급투쟁이 있는 곳에서만 국가가 존재한다는 점을 인정하지 않을 수 없게 된 부르주아, 특히 프티부르주아 이데올로그들이 있다. 이들은 국가가 계급화해의 기관이라는 식으로 마르크스를 '교정'한다. 그러나 마르크스에 따르면, 계급 간의 화해가 가능했다면 국가는 생겨날 수도 없었고 존속할 수도 없었다. 그런데도 프티부르주아적이고 속물적인 교수들과 평론가들은 — 친절하게도 마르크스를 자주 인용해가면서! — 국가가 계급들을 화해시킨다고 주장한다. 마르크스에 따르면, 국가는 계급지배의 기관이자 한 계급이 다른 계급을 억압하기 위한 기관이며 계급 간의 갈등을 완화해 그러한 억압을 정당화하고 영속화하는 '질서'를 만들어내는 것이다. 반면에 프티부르주아 정치가들의 견해에 따르면, 질서란 계급들 사이의 화해이지 한 계급에 의한 다른 계급의 억압이 아니다. 즉 갈등의 완화는 화해를 의미하는 것이지 억압자들을 타도하기 위한 일정한 투쟁수단과 투쟁방법을 피억압계급들이 사용할 수 없도록 만드는 것이 아니다.

　예를 들어 1917년 러시아 혁명 동안 국가의 의미와 역할 문제가 즉각적 행위 문제로, 그것도 대중의 행위 문제로 실천적 중요성을 띠고 전면에 부각된 적이 있었다. 당시 모든 사회혁명당원과 멘셰비키는 '국가'가 계급들을 '화해'시킨다는 프티부르주아 이론으로 단번에 빠져들었다. 이 두 당파의 정치가들이 내놓은 수많은 결의안과 글은 프티부르주아적이고 속물적인 '화해' 이론에 완전히 물든 것이었다. 국가가 대척자(적대계급)와 화해할 수 없는 특정한 계급의 지배기구라는 점을 프티부르주아 민주주의자들은 결코 이해할 수 없다. 국가문제에 대한 이러한 태도는 사회혁명당원과 멘셰비키가 전혀 사회주의자가 아니며 (우리 볼셰비키는 언제나 이 점을 지적해왔다) 사회주의에 가까운 말투를 쓰는 프티부르주아적 민주주의자라는 사실을 보여주는 가장 분명한 증거 중 하나이다.

다른 한편에는 마르크스주의에 대한 훨씬 교활한 형태의 '카우츠키류'의 왜곡이 있다. 이들은 국가가 계급지배의 도구이며 계급대립들이 결코 화해될 수 없다는 점을 '이론상으로는' 부인하지 않는다. 그러나 이들은 만일 국가가 화해 불가능한 계급대립의 산물이고 사회 위에 서서 '스스로를 사회로부터 **점점 더 소외시켜가는**' 권력이라면 피억압계급의 해방은 폭력혁명 없이는, 나아가 지배계급이 창출했고 이러한 '소외'를 구현하는 국가권력기구의 **파괴 없이는** 불가능하다는 사실을 간과하거나 얼버무리고 있다. 앞으로 보게 되겠지만, 마르크스는 혁명 과제에 대한 구체적인 역사적 분석을 바탕으로 이처럼 이론적으로 자명한 결론을 아주 분명하게 도출해냈다. 그리고 뒤에서 상세히 살펴보겠지만, 바로 이러한 결론을 카우츠키는 '망각'하고 왜곡했다.

31

2   군대, 감옥 등등의 특수기관

엥겔스는 다음과 같이 말하고 있다.

> 예전의 씨족조직과 비교해볼 때, 국가의 첫 번째 특징
> 은 영토를 기준으로 국민을 구분한다는 점이다.

이러한 구분은 '당연해' 보이지만, 사실 그것은 씨족과 부족 단
위의 조직에 대한 기나긴 투쟁을 통해 이뤄졌다.

> 두 번째 특징은 스스로를 무장력으로 조직하는 주민
> 과 더는 곧바로 일치하지 않는 공권력 창설이다. 이
> 특수한 공권력이 필요해진 것은 계급들로 분열된 후
> 에는 주민의 자발적인 무장조직이 불가능하게 되었기
> 때문이다. (……) 이러한 공권력은 어느 국가에나 존
> 재한다. 이 공권력은 단지 무장한 사람들로만 이루어
> 져 있는 것이 아니라 감옥과 온갖 종류의 강제기관들
> 처럼 씨족사회는 전혀 알지 못했던 물적 부속물도 갖
> 추고 있다.

여기서 엥겔스는 국가라고 불리는 '권력', 사회로부터 생겨났으
나 사회 위에 서서 스스로를 점점 사회로부터 소외시켜가는 권
력이라는 개념을 설명하고 있다. 이러한 권력은 주로 무엇으로
이루어져 있는가? 그것은 감옥 같은 것들을 마음대로 쓸 수 있

는 무장한 사람들의 특수한 조직체들로 이루어져 있다.

무장한 사람들의 특수한 조직체라는 표현은 정당하다. 왜냐하면 모든 국가의 속성인 공권력은 무장한 주민이나 그들의 '자발적인 무장조직'과 '더는 곧바로 일치하지 않기' 때문이다.

모든 위대한 혁명적 사상가처럼 엥겔스도 계급의식을 가진 노동자들의 주의를 지배적인 속물들이 보기에는 거의 주목할 만한 가치도 없고 지극히 일상적으로 보이는 것, 확고하게 뿌리를 내리고 있을 뿐만 아니라 아예 화석화되었다 할 수 있는 편견들로 인해 신성시되고 있는 것 쪽으로 돌리려고 하였다. 상비군과 경찰은 국가권력 행사의 주요 도구인 것이다. 그게 아니라면, 달리 무엇일 수 있겠는가?

엥겔스가 언급한 19세기 말의 내나수 유럽인들, 즉 위대한 혁명을 한번도 경험하지 못했거나 가까이서 관찰한 적이 없는 사람들의 관점에서는 그럴 수밖에 없다. 그들은 '주민의 자발적인 무장조직'을 전혀 이해할 수 없다. 사회 위에 서서 스스로를 사회로부터 소외시켜가는 무장한 사람들의 특수한 조직체(경찰, 상비군)가 왜 필요한가라는 질문에 부딪혔을 때 서유럽과 러시아의 속물들은 스펜서Spencer나 미하일롭스키Michailowski의 몇몇 문장을 인용하며 공공생활이 복잡해지고 기능이 분화된다는 등의 사실을 지적하곤 한다.

이러한 지적은 얼핏 보기에는 '과학적'인 듯하다. 그러나 사실 그것은 사회가 서로 화해할 수 없는 적대적 계급들로 분열되어 있다는 가장 중요하고 기본적인 사실을 은폐하여 일반 사람들의 의식을 효과적으로 잠재운다.

33

만일 그러한 분열이 없다면 그 복잡성이나 높은 기술 수준 등등에 따라 나무막대기로 무장한 원숭이 조직이라든가 원시인 조직 또는 씨족사회로 결합된 인간 조직 같은 원시적 조직과는 다르더라도 어쨌든 '주민의 자발적인 무장조직'은 가능할 것이다.

하지만 그것은 불가능하다. 왜냐하면 문명화된 사회는 '자발적' 무장이 허용되면 서로 무장투쟁을 벌이게 될 적대적 계급들, 그것도 화해 불가능한 적대적 계급들로 분열되어 있기 때문이다. 국가가 형성되면 하나의 특수한 권력, 무장한 사람들의 특수한 조직체들이 생겨난다. 국가기구를 파괴하는 모든 혁명은 지배계급이 **자신들에게** 봉사하는 무장한 사람들의 특수한 조직체들을 어떻게 재건하려고 하는지, 피억압계급이 착취자가 아닌 피착취자에게 봉사할 수 있는 새로운 종류의 조직을 만들어내려고 어떻게 노력하는지 분명히 보여준다.

앞의 인용문에서 엥겔스는 모든 위대한 혁명이 실천 속에서 그것도 대중행동의 차원에서 구체적으로 제기한 바 있는 문제, 즉 무장한 사람들의 '특수한' 조직체와 '주민들의 자발적인 무장조직' 간의 관계 문제를 이론적으로 제기하고 있다. 우리는 이 문제가 구체적으로 어떻게 예증되는지를 유럽과 러시아의 혁명 경험을 통해 살펴볼 것이다.

하지만 일단 엥겔스의 설명으로 되돌아가보자.

엥겔스는 이러한 공권력은 예컨대 북아메리카의 어떤 지역에서 그러했듯 때로 약화되기도 하지만(그는 자본주의 사회에서는 보기 드문 예외적 사례, 즉 제국주의 이전 시대에 자유로운 이 주민이 지배했던 북아메리카 지역을 염두에 두고 있다), 일반적으로는 점점 강화된다고 지적한다.

> 하지만 그것은〔공권력은―글쓴이〕국가 내부의 계급 대립들이 격화되고 인접 국가들이 더 비대해지고 인구 수가 늘어남에 따라 강화된다. 오늘날의 유럽만 보더라도 계급투쟁과 정복경쟁으로 말미암아 공권력은 사회 전체와 국가 자체까지 집어삼킬 지경에 이르렀다.

엥겔스가 가장 나중에 작성한 서문의 날짜가 1891년 6월 16일인 것으로 볼 때, 이 글은 아무리 늦게 잡아도 1890년대 초에 작성되었다. 당시는 제국주의―트러스트trust의 완전한 지배, 거대 은행들의 무한한 힘, 대규모 식민 정책 등―로의 전환이 프랑스에서는 이제 막 시작되고 있었고, 북아메리카와 독일에서는 그보다는 미약하였다. 그 이후 '정복경쟁'이 큰 걸음을 내딛기 시작했고, 1910년대 초에 이르러 세계는 이러한 '경쟁적 정복자들', 즉 약탈에 눈이 먼 강대국들에 의하여 완전히 분할되었다. 또한 그 이후 육군과 해군의 군비가 엄청나게 증강되었고, 식민지 분할과 영국과 독일 간의 세계 패권을 둘러싸고 벌어진 침략전쟁(1914~1917)은 약탈적 국가권력이 완전한 파국에 가까울 정도로 사회의 모든 힘을 '집어삼키게' 만들었다.

엥겔스는 일찍이 1891년에 '정복경쟁'이 열강들의 대외 정책에서 가장 중요한 특징 중 하나라고 지적했다. 반면에 몇 배로 과열된 이러한 경쟁이 초래한 1914~1917년의 제국주의 전쟁

35

계급사회와 국가

동안 사회배외주의자들은 '조국의 수호'니 '공화국과 혁명의 수호'니 하는 따위의 구호로 '자기네' 부르주아지의 약탈적 이익에 대한 옹호를 은폐하고 있다.

3 국가: 피억압계급을 착취하기 위한 도구

사회 위에 서는 특별한 공권력을 유지하기 위해서는 조세와 국채가 필요하다. 엥겔스는 다음과 같이 쓰고 있다.

> 공권력과 조세징수권을 가짐으로써 관리들은 이제 사회의 기관으로서 사회 위에 군림한다. 그들은 씨족제도 속에서 기관들이 받던 자유롭고 자발적인 존경에 ─ 설사 그들이 그러한 존경을 받을 수 있다 해도 ─ 만족하지 않는다. (……) 관리를 신성불가침의 존재로 만드는 예외적 법규가 제정된다. 아무리 하찮은 경찰관도 (……) 씨족사회의 모든 기관을 모아놓은 것보다 더 큰 '권위'를 지닌다. 그러나 문명사회의 제아무리 힘 있는 군주나 위대한 정치가, 군사령관이더라도 가장 하찮은 씨족의 우두머리가 받는 비강제적이고 이론의 여지가 없는 존경이 부러울 것이다.

여기에서는 국가권력 기관으로서 관리의 특권적 지위라는 문제가 제기되고 있다. 무엇이 그들을 사회 위에 있게 만들었는가

하는 문제가 근본문제로 부각되고 있다. 앞으로 우리는 1871년의 파리코뮌이 이론적 문제를 어떻게 실천적으로 해결하고자 했으며, 1912년에 카우츠키가 이 문제를 반동적 입장에서 어떻게 모호하게 만들었는지 살펴볼 것이다.

> 국가는 계급 간의 대립을 억제할 필요에서 생겨났지만 동시에 계급 간의 충돌 가운데서 생겨났기 때문에, 그 국가는 일반적으로 가장 힘 있고 경제적으로 지배적인 계급의 국가이다. 이 계급은 국가의 힘을 빌려 정치적으로도 지배적인 계급이 되며, 그리하여 피억압 계급을 압박하고 착취하기 위한 새로운 수단을 획득한다. 고대국가와 봉건국가가 노예와 농노를 착취하기 위한 기관이었듯이 근대의 대의제 국가 역시 자본에 의한 임노동 착취의 도구이다. 하지만 투쟁하는 계급들이 서로 균형점에 접근하여 국가권력이 외견상의 조정자로서 두 계급에 대해 어느 정도의 자립성을 한동안 획득하는 예외적 시기가 있다.

17~18세기의 절대군주제, 프랑스 제1제정과 제2제정의 보나파르트주의, 그리고 독일의 비스마르크 시대가 그런 경우다.

공화국 러시아의 케렌스키Kerenski 정부가 혁명적 프롤레타리아트를 억압하기 시작한 이후의 한 시기도 그런 경우에 속한다. 이때는 소비에트가 프티부르주아적 민주주의자들이 이끄는 바람에 이미 무력해졌으나 부르주아지가 아직은 소비에트를

37

당장 해산시킬 만큼 강하지 못하던 시기이다.

이어서 엥겔스는 민주공화국에서 "부富는 자신의 권력을 간접적으로, 그러나 한층 더 확실히 행사한다"라고 적고 있다. 한편으로는 "관리들을 직접 매수하는" 방식으로(미국의 경우), 다른 한편으로는 "정부와 증권거래소의 동맹" 방식으로(프랑스와 미국의 경우).

오늘날 제국주의와 은행의 지배는 모든 민주공화국에서 부의 전능함을 유지하고 실현하는 이 두 가지 방법을 특별한 기술의 경지로까지 '발전'시켰다. 예컨대 러시아 민주주의 공화국의 처음 몇 개월 동안, 즉 '사회주의자들' — 사회혁명당원과 멘셰비키 — 과 부르주아지의 이른바 밀월관계 동안, 연립정부 내에서 팔친스키Paltschinski 씨는 부르주아지와 그들의 약탈행위 및 군수품 보급을 빌미로 한 국고횡령을 제어하기 위한 모든 수단의 행사를 방해해왔는데, 그후 내각에서 사임한 팔친스키 씨(물론 그 자리에는 또 다른 팔친스키가 들어왔다)가 자본가들로부터 연봉 12만 루블의 자리를 '보상'으로 받았다면 이것은 대체 무엇을 의미하는가? 직접적 매수인가 아니면 간접적 매수인가? 정부와 신디케이트의 동맹인가 아니면 '단지' 우호적 관계일 뿐인가? 체르노프나 체레텔리, 아브크센치예프Awksentjew, 스코벨레프Skobelew 같은 자들은 어떤 역할을 하고 있는가? 그들은 국고를 횡령하는 백만장자들의 '직접적' 동맹자인가 아니면 단지 간접적 동맹자일 뿐인가?

'부'의 전능함이 민주공화국에서 **더 확실한** 이유는 그 전능함이 정치적 메커니즘의 개별적 결함이나 자본주의의 열악한

38

정치적 외피에 의존하지 않기 때문이다. 민주공화국은 자본주의로서는 가능한 최선의 정치적 외피이다. 따라서 자본은 이 최선의 외피를 (팔친스키나 체르노프, 체레텔리 등을 통하여) 획득하고 나면 부르주아 민주주의 공화국에서 인물이나 제도나 정당이 아무리 교체되더라도 아무런 동요도 없을 만큼 견고하고 확실하게 자신의 권력을 확립한다.

또 한 가지 강조해야 할 것은 엥겔스가 보통선거권을 아주 단호하게 부르주아지의 지배도구라고 부르고 있다는 점이다. 엥겔스는 분명히 독일 사회민주주의의 장구한 경험을 고려하면서 다음과 같이 말한다. 보통선거권은,

> 노동계급의 성숙도를 재는 척도다. 오늘날의 국가에서 보통선거권은 보통선거권 이상의 것이 될 수 없으며 그렇게 되지도 않을 것이다.

러시아 사회혁명당원과 멘셰비키 같은 프티부르주아 민주주의자들 그리고 그들의 친형제라고 할 수 있는 서유럽의 모든 사회배외주의자들과 기회주의자들은 보통선거권에서 그 '이상의 것'을 기대한다. 그들은 '오늘날의 국가에서' 보통선거권을 통해 다수 근로자들의 의사가 정말로 표출될 수 있고 확실히 실현될 수 있다는 잘못된 생각을 가지고 있으며 그러한 생각을 인민들에게 불어넣고 있다.

여기에서는 이 사상이 잘못된 것이라는 사실과 엥겔스의 아주 명백하고 정확하며 구체적인 설명이 '공식적'(즉 기회주의

39

적) 사회주의 정당들의 선전과 선동에서 매번 왜곡되고 있다는 사실만을 지적해둔다. 엥겔스가 여기서 배척하고 있는 생각이 어떤 점에서 완전히 잘못된 것인지는 '오늘날의' 국가에 대한 마르크스와 엥겔스의 견해를 보다 상세하게 다룰 때 설명하겠다.

엥겔스는 가장 널리 보급된 저서에서 다음과 같이 자신의 견해를 총괄하고 있다.

> 요컨대 국가는 아득한 옛날부터 존재해온 것이 아니다. 국가 없이도 사회는 존재했으며, 국가와 국가권력에 관한 개념이 없었던 사회도 있었다. 사회가 계급들로 분열되는 것과 필연적으로 연결되어 있는 경제 발전의 특정한 단계에서, 국가는 이 분열로 말미암아 필연적인 것이 되었다. 우리는 이제 이러한 계급들의 존재가 필연적이지 않게 되었을 뿐만 아니라 오히려 그러한 계급들의 현존이 생산에 직접적 장애가 되는 생산 발전 단계에 빠르게 다가가고 있다. 계급의 발생이 불가피했듯이 계급의 소멸도 불가피하다. 그리고 계급이 소멸하면 국가도 소멸할 수밖에 없다. 그렇게 되면 생산자들의 자유롭고 평등한 결합에 기초하여 생산을 새로이 조직하는 사회는 모든 국가기구를 응당 가야 할 곳으로, 즉 물레와 청동도끼가 진열되어 있는 고대 박물관으로 보낼 것이다.

오늘날 사회민주당의 선전·선동 문헌에서 이 인용문을 찾아보기

40

는 쉽지 않다. 설사 눈에 띄는 경우라 하더라도, '모든 국가기구를 고대 박물관으로 보내는 것'이 얼마나 광범위하고 심각한 혁명의 도약을 전제하는가를 파악하려는 노력은 전혀 없이, 마치 성상聖像 앞에 배례하듯 엥겔스에게 공식적 경의를 표하기 위하여 인용하는 일이 대부분이다. 심지어 엥겔스가 무엇을 국가기구라고 부르는지조차 이해하지 못하는 경우가 대부분이다.

4   국가의 '사멸'과 폭력혁명

엥겔스가 국가의 '사멸'에 관해 한 말들은 널리 알려져 있고 자주 인용되며, 통상 마르크스주의를 기회주의로 변조하는 본질이 어디에 있는가를 뚜렷이 보여주기 때문에 자세히 살펴볼 필요가 있다. 이 말들이 나오는 대목 전체를 인용해보자.

> 프롤레타리아트는 국가권력을 장악하고 나서 제일 먼저 생산수단을 국유화한다. 그런데 이렇게 함으로써 프롤레타리아트는 프롤레타리아트로서의 자기 자신을 지양하고 모든 계급차이와 계급대립을 지양하며 국가로서의 국가도 지양Aufhebt한다. 계급대립 속에서 움직이던 지금까지의 사회에서는 국가가 필요했다. 즉 생산의 외적 조건을 유지하기 위한 착취계급의 조직, 따라서 특히 기존의 생산양식을 통하여 주어진 억압 조건(노예제, 농노제, 임노동) 속에 피착취계급을 강

41

제로 눌러두기 위한 조직이 필요했다. 국가는 사회 전체의 공식 대표였고 가시적인 단체의 형태로 사회 전체를 총괄한 것이었다. 하지만 그것은 국가가 그 시대에 사회 전체를 대표하는 계급의 국가인 한에서 가능했던 것이다. 즉 국가는 고대에는 노예 소유자인 공민 Staatsbürger들의 국가였고, 중세에는 봉건 귀족들의 국가였으며, 오늘날에는 부르주아지의 국가다. 마침내 국가가 실제로 사회 전체의 대표가 되면 그때 국가는 도리어 필요 없는 것이 된다. 억압당해야 할 어떠한 사회계급도 존재하지 않게 되자마자 계급지배가 사라지면서 이제까지의 무정부적 생산에 기반을 둔 개체의 생존투쟁이 사라질 것이다. 또한 그러한 투쟁에서 생겨나는 충돌과 폭행이 사라지자마자 억압되어야 할 어떤 것도, 즉 특수한 억압권력인 국가를 필요로 하는 어떠한 것도 존재하지 않게 될 것이다. 국가가 진실로 사회 전체의 대표로 나서는 최초의 행위 ─ 사회의 이름으로 생산수단을 장악하는 것 ─ 는 동시에 국가가 국가로서 독자적으로 행하는 마지막 행위이기도 하다. 사회관계에 대한 국가권력의 개입은 한 영역 한 영역에서 차츰 불필요해지고 그렇게 되면 국가는 스스로 조락한다. 인간에 대한 통치 대신 사물에 대한 관리와 생산 과정에 대한 지도가 등장한다. 국가는 '폐지'Aufhebung되는 것이 아니다. **국가는 사멸한다.** '자유인민국가'라는 문구는 이 점에 근거하여 평가되어야 한다. 즉 그 문구는 일시적 선동의 측면에서는 정당성이 있지만 과학적으로는 결국 허용될 수 없는 것이다. 국가가 하루아침에 폐지되어야 한다는 이른바 무정부주의자들의 요구 역시 이 점과 관련하여 평가되어야 한다.(『반뒤링론, 오이겐 뒤링씨가 일으킨 변혁』*Anti-Dühring, Herren Eugen Dührings Unwälzung der Wissenschaft*, 독일어 제3판, 301~303쪽)[4]

오늘날의 사회주의 당들은 매우 풍부한 사상을 담고 있는 엥겔스의 이러한 고찰 중에서 국가의 '폐지'를 주장하는 무정부주의 이론과는 달리 마르크스에 따르면 국가는 '사멸'한다는 점만을 사회주의 사상의 현실적 공유재산으로 삼는다고 할 수 있다. 이런 식의 단순화는 마르크스주의를 기회주의로 격하하는 것이다. 왜냐하면 이러한 '해석'은 아무런 비약이나 격동도 없고 어떠한 혁명도 없는 지루하고 평탄하고 점진적인 변화의 모호한 관념에만 머물러 있기 때문이다. 현재 항간에 널리 유포된—이렇게 말할 수 있다면—의미에서 국가의 '사멸'이란 의심할 바 없이 혁명을—거부까지는 아니더라도—은폐한다.

그런데 이와 같은 '해석'은 마르크스주의에 대한 가장 조야한 왜곡으로서 부르주아지에게만 유리할 뿐이다. 이론적인 면에서 볼 때 이러한 왜곡은 앞서 길게 인용한 바 있는 엥겔스의 '총괄적' 고찰만으로도 이미 알 수 있는 가장 중요한 상황과 논

---

4   MEW, 제20권, pp. 261~262.

43

거를 도외시하는 데서 생겨나는 것이다.

첫째, 인용문의 첫머리에서 엥겔스는 프롤레타리아트가 국가권력을 장악함으로써 "국가로서의 국가를 지양한다"라고 말한다. 이 말의 의미에 대해서는 깊이 생각하지 '않는' 것이 '일반적'이다. 이 말은 대개 완전히 무시되거나 엥겔스의 '헤겔주의적 약점'의 일종으로 간주된다. 그러나 사실 이 말 속에는 가장 위대한 사회주의혁명 중 하나인 1871년 파리코뮌의 경험이 간결하게 표현되어 있다. 이 경험에 대해서는 적절한 자리에서 상세히 언급하겠다. 사실 엥겔스가 여기에서 말하고 있는 것은 사회주의혁명에 의한 **부르주아국가**의 '폐지'이다. 반면에 사멸이라는 말은 사회주의혁명 **이후의 프롤레타리아적** 국가조직의 잔재와 관련되어 있다. 엥겔스에 의하면 부르주아국가는 '사멸'하는 것이 아니라 혁명 속에서 프롤레타리아에 의해 '폐지'된다. 이 혁명 후에 사멸하는 것은 프롤레타리아국가 또는 반ᵇ국가이다.

둘째, 국가는 '특수한 억압권력'이다. 엥겔스는 여기에서 이 훌륭하고 지극히 심오한 정의를 아주 분명하게 제시하고 있다. 그런데 이로부터 나오는 결론은 프롤레타리아트에 대한 부르주아지의 '특수한 억압권력', 수백만 노동자에 대한 한줌밖에 안 되는 부유한 자들의 '특수한 억압권력'이 부르주아지에 대한 프롤레타리아트의 '특수한 억압'(프롤레타리아독재)으로 교체되어야 한다는 것이다. '국가로서의 국가의 지양'은 바로 이것을 가리킨다. 사회의 이름으로 생산수단을 장악하는 '행위'란 바로 이것을 가리킨다. **이렇게 하나의 '특수한 권력'(부르주아지의 권력)을 다른 하나의 '특수한 권력'(프롤레타리아트의 권력)으로 대체**

하는 것이 어떤 상황에서건 '사멸'이라는 형태로 일어날 수 없다는 것은 더할 나위 없이 분명한 일이다.

셋째, 엥겔스가 '사멸' 또는 이보다 구상적具象的인 표현인 '조락'Einschlafen에 관해 이야기할 때, 그는 이것을 아주 분명히 "국가의 이름으로 생산수단을 국가 소유로 장악"한 **이후의** 시기, 즉 사회주의혁명 **이후의** 시기와 관련짓고 있다. 주지하다시피 이 시기에 국가의 정치적 형태는 가장 완전한 민주주의이다. 그러나 마르크스주의를 파렴치하게 왜곡하고 있는 기회주의자들은 엥겔스가 이 점과 더불어 **민주주의**의 '조락'과 '사멸'에 대해서도 말하고 있다는 사실을 전혀 깨닫지 못한다. 물론 언뜻 보기에 이는 매우 이상한 이야기 같다. 하지만 민주주의 역시 일종의 국가이며 따라서 국가가 사라지는 즉시 민주주의도 사라진다는 점을 생각하지 못한 사람만이 이것을 '이해할 수 없을' 뿐이다. 부르주아국가는 혁명에 의해서만 '폐지'될 수 있다. 이와 달리 국가 일반, 다시 말해 완전한 민주주의는 오직 '사멸'할 수 있을 뿐이다.

넷째, 엥겔스는 "국가는 사멸한다"라는 유명한 명제를 제기하고 나서 곧이어 이 명제가 기회주의자들뿐만 아니라 무정부주의자들도 겨냥한 것이라는 점을 구체적으로 밝힌다. 그런데 이때 엥겔스는 "국가는 사멸한다"라는 명제로부터 나오는 결론 가운데 기회주의자들을 겨냥한 것부터 먼저 제시한다.

장담하건대 국가의 '사멸'에 대해 들었거나 읽은 사람이 1만 명이라면 그 가운데 9,990명은 엥겔스가 이 명제에서 이끌어낸 결론을 통해 무정부주의자들만을 상대하고 있는 것이 아니

45

라는 점을 전혀 알지 못하거나 기억하지 못한다. 그리고 나머지 열에 아홉은 '자유인민국가'가 무엇이고 어떻게 해서 이 구호에 대한 공격이 기회주의자들에 대한 공격이 되는지를 잘 알지 못한다. 역사는 이렇게 쓰인다! 이런 방식으로 위대한 혁명적 이론이 지배적인 속물근성에 어울리는 것으로 슬그머니 변조된다. 무정부주의자들을 겨냥한 결론은 수천 번 반복되고 비속화되고 가장 조야한 형태로 사람들의 머릿속에 박혀서 완고한 편견이 되어버린 반면 기회주의자들을 겨냥한 결론은 은폐되고 '망각'되었다!

'자유인민국가'는 1870년대 독일 사회민주주의자들의 강령적 요구이자 일반적 구호였다. 이 구호는 민주주의 개념의 프티부르주아적 과장일 뿐 아무런 정치적 내용도 없다. 이 구호가 합법적으로 허용될 수 있는 민주공화국을 암시하는 한에서는, 엥겔스는 이 구호의 '정당성'을 선동적 견지에서 '일시적으로는' 인정할 용의가 있었다. 그러나 이 구호는 기회주의적이었다. 왜냐하면 그것은 부르주아 민주주의를 미화하고 있었을 뿐 아니라 국가 일반에 대한 사회주의적 비판을 몰각하고 있었기 때문이다.

우리는 자본주의하에서 프롤레타리아트에게 가장 좋은 국가형태는 민주공화제라는 데 동의한다. 하지만 가장 민주적인 부르주아 공화국에서도 임금노예제가 인민의 운명이라는 것을 잊어서는 안 된다. 더 나아가 모든 국가는 피억압계급에 대한 '특수한 억압권력'이다. 그렇기 때문에 어떤 국가도 **자유롭지 않으며** 인민의 국가가 **아니다**. 마르크스와 엥겔스는 1870년대에

자신들의 당 동지들에게 이 점을 되풀이해서 설명하였다.[5]

다섯째, 모두가 기억하고 있는 국가 사멸에 관한 고찰이 담겨 있는 엥겔스의 저작에는 폭력혁명의 의미에 관한 논의도 들어 있다. 폭력혁명의 역할에 대한 엥겔스의 역사적 평가는 폭력혁명에 대한 진정한 찬사라 할 만하다. 그런데 이것은 '아무도 기억하고 있지 않다'. 오늘날의 사회주의 정당들에서는 폭력혁명의 의미에 대한 언급은 물론이고 그에 대한 고려조차 거의 찾아볼 수 없다. 이 사상은 대중 속에서 진행되는 일상적 선전과 선동에서 아무런 역할도 못하고 있다. 그러나 이 사상은 국가의 '사멸'과 불가분적으로 연결되어 하나의 조화로운 전체를 이루고 있다. 엥겔스의 논의는 다음과 같다.

> 폭력은 역사에서 (악의 수행자라는 역할 이외에) 혁명적 역할이라는 또 다른 역할을 한다는 것, 마르크스의 말을 빌리면 폭력은 새 사회를 잉태한 모든 낡은 사회의 산파이자 수명이 다해 굳어버린 정치적 형태를 파괴하는 사회운동의 도구라는 것 — 뒤링 씨는 이러한 점에 대해서는 한마디도 하지 않는다. 그는 착취경제를 전복하는 데 혹시 폭력이 필요할 수도 있으리라는 것을 탄식과 신음 속에 용인할 뿐이다 — 유감스럽게도 모든 폭력 행사는 그것을 사용하는 자를 타락시키

---

5 이에 대해서는 마르크스의 『고타강령 비판』 제4절과 베벨Bebel에게 보낸 엥겔스의 1875년 3월 18일자와 28일자 편지를 보라. MEW, 제19권, pp. 3~9, pp. 27~32.

47

기 때문이라는 것이다. 승리한 모든 혁명은 고도의 도덕적 · 정신적 앙양을 가져왔는데도 불구하고 이런 말을 하고 있는 것이다! 더군다나 독일에서는 인민에게 강요될 수도 있는 폭력적 충돌이 30년전쟁[6]의 굴욕 때문에 민족의식 속에 스며든 노예근성을 뽑아버린다는 이점이라도 있을 텐데 말이다. 이렇듯 흐리멍텅하고 맥없고 무기력한 설교조의 사고방식을 역사상 유례 없이 가장 혁명적인 당에 감히 밀어넣으려 드는 것인가?(독일어 제3판, 제2편 4장 끝)[7]

엥겔스가 1878년부터 죽기 직전인 1894년까지 독일 사회민주주의자들에게 끈질기게 제시한 폭력혁명에 대한 이러한 찬사가 어떻게 국가 '사멸'에 관한 이론과 결합해 하나의 이론을 이루는가?

보통 이 두 가지는 절충주의적으로 결합된다. 즉 때로는 폭력혁명이 때로는 사멸이 아무런 원칙 없이 혹은 궤변적으로 제멋대로(또는 권력자의 마음에 들게끔) 선택되는 식으로 결합된다. 이때 적어도 100번에 99번은 '사멸'을 전면에 내세운다. 변증법이 절충주의로 대체되는 것이다. 이는 마르크스주의에 관

6   1618~1648년의 30년전쟁은 다양한 유럽의 국가그룹들 사이의 모순이 악화되어 일어난 최초의 전면적 유럽전쟁이었다. 이러한 모순은 가톨릭과 프로테스탄트 사이의 투쟁이라는 모습으로 나타났다. 독일은 이 투쟁의 주활동 무대가 되어 군사적 약탈과 포식의 대상이 되었다.
    이 전쟁은 독일의 정치적 분할을 공인하는 베스트팔렌 강화조약 체결로 마무리되었다 — 영어판 엮은이.
7   MEW, 제20권, p. 171.

한 오늘날의 공식 사회민주주의 문헌에서 가장 흔히 볼 수 있는 보편적 현상이다. 물론 이런 식의 바꿔치기는 결코 새로운 것이 아니다. 이런 예는 고대 그리스 철학의 역사에서도 찾아볼 수 있다. 마르크스주의를 기회주의로 변조할 때 변증법을 절충주의로 바꿔치는 것은 대중을 기만하는 가장 손쉬운 방법이다. 그것은 그럴듯한 만족을 주며, 마치 과정의 모든 측면, 모든 발전 경향, 모든 모순적 영향 등등을 고려하는 것처럼 보인다. 그러나 사실상 이것은 사회의 발전 과정에 대한 통일적이고 혁명적인 이해를 전혀 제시하지 못한다.

마르크스와 엥겔스의 폭력혁명 불가피성에 대한 이론이 부르주아국가를 겨냥한 것이라는 사실은 이미 앞에서 언급했지만 뒤에 가서 더욱 상세히 살펴보겠다. 부르주아국가가 프롤레타리아국가(프롤레타리아독재)로 대체되는 것은 '사멸'이라는 방식에 의하여 **가능한 것이 아니라**, 일반적으로 폭력혁명에 의해서만 가능하다. 엥겔스의 폭력혁명에 대한 찬사는 마르크스의 여러 언급과 완전히 부합하는데(『철학의 빈곤』*Das Elend der Philosophie*의 끝부분[8]과 『공산당선언』*Manifest der Kommunistischen Partei*의 끝부분[9]에 있는 폭력혁명의 불가피성에 대한 당당하고 공공연한 설명을 생각해보라. 또 그로부터 약 30년 뒤인 1875년의 『고타강령 비판』*Kritik des Gothaer Programms*[10]에서 마르크스가 고타강령의 기회주의적 성격

---

8   MEW, 제4권, p. 182.
9   MEW, 제4권, p. 493.
10   MEW, 제19권, pp. 11~32.
     고타강령이란 1875년 고타에서 열린 당대회에서 채택된 독일 사회주의노동자당의 강령을 말한다. 이 당대회에서는 (마르크스와 엥겔스의 정신적 영향

계급사회와 국가

을 무자비하게 질타한 것도 생각해보라) 이 찬사는 결코 단순한 '열광'이나 선언 또는 논쟁적 공격이 아니다. 마르크스와 엥겔스 이론 전체의 밑바탕에는 폭력혁명에 대한 **이러한**, 바로 이러한 견해를 가지고 대중을 체계적으로 이끄는 것이 필요하다는 생각이 깔려 있다. 오늘날 지배적인 사회배외주의적 조류나 카우츠키적 조류가 마르크스와 엥겔스의 이론을 배반하고 있다는 사실은 양자 모두 **이러한** 선전과 선동을 무시해온 사실에서 특히 잘 드러난다.

프롤레타리아국가에 의한 부르주아국가의 대체는 폭력혁명 없이 이루어질 수 없다. 반면에 프롤레타리아국가의 폐지, 다시 말해 모든 국가의 폐지는 '사멸' 이외의 방식으로는 이루어질 수 없다.

마르크스와 엥겔스는 모든 혁명적 상황들과 혁명 경험의 교훈을 낱낱이 연구하면서 이러한 견해를 상세하게 또 구체적으로 발전시켰다. 그러면 이제 그들의 이론 중에서 가장 중요하다고 할 수 있는 이 부분으로 넘어가보자.

을 받고 있던 베벨과 리프크네히트W. Liebknecht가 이끄는) 아이제나흐파와 라살레파가 결합함으로써, 오랫동안 지속되었던 독일 노동자운동의 내부투쟁이 종식되었다. 그러나 고타 회의에서 채택된 당강령은 이 통일의 의의에 부합하는 것이 아니었다. 거기에는 물론 중요한 정치적·사회적 요구들이 포함되어 있었으나 전체적으로 보아 라살레주의의 기회주의적 입장이 관철되었다. 마르크스와 엥겔스는 고타강령 초안에 매서운 비판을 가하였으며, 이를 1869년의 아이제나흐 강령에 대한 결정적 후퇴로 간주하였다.

제2장
국가와 혁명: 1848~1851년의 경험

1 혁명의 전야

성숙한 마르크스주의의 최초 저작들인 『철학의 빈곤』과 『공산당선언』은 1848년 혁명이 일어나기 직전에 쓰였다. 그런 까닭에 이 저작들에는 마르크스주의의 일반적 기초에 대한 서술 외에 당시의 혁명 상황이 어느 정도 구체적으로 반영되었다. 그러므로 우리의 목적을 위해서는 이 저작의 필자들이 1848~1851년의 경험으로부터 자신들의 결론을 끌어내기 바로 직전에 국가에 대하여 어떻게 말하였는가를 살펴보는 것이 좋을 것이다.

마르크스는 『철학의 빈곤』에서 다음과 같이 쓰고 있다.

> 노동계급은 발전 과정에서 낡은 부르주아사회를 계급과 계급 대립이 없는 협동체로 대체할 것이다. 그때에는 본래적 의미의 정치권력이 더는 존재하지 않을 것이다. 왜냐하면 정치권력이란 부르주아사회 내 계급 대립의 공식적 표현이기 때문이다.(1885년 독일어판, 182쪽)[11]

계급이 폐지되면 국가가 소멸한다는 사상을 보여주는 이 일반적 서술과 몇 달 뒤인 1847년 11월 마르크스와 엥겔스가 쓴 『공산당선언』에 나오는 설명을 대조해보면 새로운 점을 발견할 수 있다.

---

11   MEW, 제4권, p. 182.

53

프롤레타리아트 발전의 가장 일반적인 국면들을 제시하는 과정에서 우리는 다소간 감추어진 기존 사회 내의 내란을 추적하여 이 내란이 공개적 혁명으로 터져 나오고 프롤레타리아트가 부르주아지를 폭력적으로 전복함으로써 자신의 지배권을 정초하는 지점에까지 이르렀다. (……) 우리는 이미 앞에서 노동자혁명의 첫걸음은 프롤레타리아트가 지배계급으로 올라서는 것이고 민주주의를 쟁취하는 것이라는 점을 보았다. (……)

프롤레타리아트는 모든 자본을 부르주아지로부터 점차 탈취하고 모든 생산도구를 국가의 수중에, 즉 지배계급으로 조직된 프롤레타리아트의 수중에 집중시키며 생산력의 양을 될 수 있는 대로 급속히 증대시키기 위해 자신의 정치적 지배를 이용할 것이다.(1906년 독일어 제7판, 31쪽과 37쪽)[12]

여기에서 우리는 국가문제에 관한 마르크스주의의 가장 주목할 만하고 가장 중요한 이념 중의 하나인 '프롤레타리아독재'(마르크스와 엥겔스는 파리코뮌 이후에 이렇게 말하기 시작하였다)[13]의

---

12 MEW, 제4권, p. 473, p. 481.
13 레닌이 『국가와 혁명』을 위해 준비한 자료에는 다음과 같은 구절이 있다. "마르크스와 엥겔스가 1871년 이전에 '프롤레타리아독재'에 대해 언급한 것을 찾아낼 수 있을까? 내가 믿기로는 그렇지 않다!"(『마르크스주의와 국가』, 베를린, 1960년, p. 32). 그러나 『국가와 혁명』 2판(1918년 12월)에 추가한 제2장 3절에서 레닌은 1852년 3월 5일자로 바이데마이에르에게 보낸 마르크스의 편

정식화와 더불어 국가에 대한 매우 흥미로운 정의를 볼 수 있다. 물론 국가에 대한 이 정의 역시 마르크스주의의 '잊힌 어구'에 속한다. '**국가, 즉 지배계급으로 조직된 프롤레타리아트.**'

국가에 대한 이 정의는 공식적 사회민주주의 정당들의 지배적인 선전·선동 문헌에서 결코 설명된 적이 없다. 그뿐만이 아니다. 그것은 아예 잊혀버렸다. 왜냐하면 이 정의는 개량주의와는 전혀 양립할 수 없을 뿐만 아니라 '민주주의의 평화적 발전'에 대한 항간의 기회주의적 편견과 프티부르주아적 환상을 정면에서 공박하는 것이기 때문이다.

프롤레타리아트에게는 국가가 필요하다 — 모든 기회주의자와 사회배외주의자 그리고 카우츠키파는 이렇게 되뇌며 이것이 마르크스 이론이라고 단언한다. 그러나 이들은 첫째, 마르크스에 따르면 프롤레타리아트는 오직 사멸하는 국가, 즉 곧바로 사멸하기 시작하며 또한 반드시 사멸할 수밖에 없는 상태의 국가만을 필요로 하고 둘째, 노동자들은 '국가', '즉 지배계급으로 조직된 프롤레타리아트'를 필요로 한다는 점을 덧붙이는 것을 잊고 있다.

국가는 특수한 권력조직이며 어떤 계급을 억압하기 위한 폭력조직이다. 그렇다면 프롤레타리아트는 어떤 계급을 억압해야 하는가? 물론 그것은 착취계급, 즉 부르주아지이다. 노동자들은 오직 착취자의 반항을 억누르기 위해서만 국가가 필요하다. 그런데 이 억압을 지도하고 실현하는 일은 끝까지 혁명적

지를 인용하고 있는데, 거기에는 "계급투쟁은 필연적으로 프롤레타리아독재로 나아간다"라는 구절이 들어 있다.

국가와 혁명: 1848~1851년의 경험

인 유일한 계급인 프롤레타리아트만이, 부르주아지에 대한 투쟁과 부르주아지를 완전히 제거하기 위한 투쟁에서 모든 노동자와 피착취자를 단결시킬 수 있는 유일한 계급인 프롤레타리아트만이 할 수 있다.

착취계급은 착취를 유지하기 위해, 즉 인민의 압도적 다수에 반하는 극소수의 이기적 이익을 위해 정치적 지배가 필요하다. 그러나 피착취계급은 모든 착취를 완전히 근절하기 위해, 즉 현대의 노예소유자인 극소수의 지주들과 자본가들에 반하여 압도적 다수의 인민을 위해 정치적 지배가 필요하다.

계급투쟁을 계급 간의 조화라는 몽상으로 대체해버린 사이비 사회주의자들인 프티부르주아 민주주의자들은 사회주의적 변혁도 몽상적으로, 즉 착취계급의 지배를 뒤엎는 것이 아니라 자신의 임무를 의식하게 된 다수에게 소수를 복종시키는 것으로 생각하였다. 초계급적 국가에 대한 인정과 불가분적으로 결합된 이 프티부르주아적 유토피아는 실천 과정에서 노동계급의 이익을 배반하는 결과를 가져왔다. 이를테면 1848년과 1871년의 프랑스혁명의 역사와 19세기 말과 20세기 초에 영국, 프랑스, 이탈리아 등등 여타 나라들에서 '사회주의자들'이 부르주아 정부에 참여한 경험은 이를 잘 보여준다.

마르크스는 현재 러시아에서 사회혁명당과 멘셰비키에 의해 부활되고 있는 이러한 프티부르주아적 사회주의와 일생 동안 투쟁하였다. 마르크스는 계급투쟁에 관한 이론을 일관되게 정치권력 및 국가에 관한 이론으로 발전시켰다.

부르주아지의 지배를 뒤엎는 일은 특수한 계급으로서의

프롤레타리아트만이 할 수 있다. 프롤레타리아 계급의 경제적 존재조건은 이 계급에게 그 일을 위한 준비를 하게 하고 그 일을 수행할 가능성과 힘을 준다. 부르주아지는 농민과 모든 프티부르주아 계층을 분열시키고 분산시키는 반면에 프롤레타리아트는 결합시키고 단결시키고 조직한다. 오직 프롤레타리아트만이 ─ 대규모 생산에서 그들이 담당하는 경제적 역할로 인해 ─ 모든 노동하는 피착취대중의 지도자가 될 수 있다. 이들 피착취대중은 부르주아지에 의해 대개 프롤레타리아트만큼, 아니 그들보다 더 심하게 착취당하고 구속받고 억압당하지만 자신들의 해방을 위하여 자립적으로 투쟁할 능력은 없다.

마르크스가 국가와 사회주의혁명 문제에 적용한 계급투쟁 이론은 필연적으로 프롤레타리아트의 정치적 지배와 프롤레타리아독재, 즉 누구에게도 분할되지 않고 대중의 무장력에 직접 의거하는 권력을 인정하는 데로 나아간다. 부르주아지를 전복하는 일은 프롤레타리아트가 부르주아지의 불가피하고 필사적인 저항을 제압하고 새로운 경제 질서를 위하여 모든 노동하는 피착취대중을 조직할 수 있는 지배계급의 자리에 올라설 경우에만 실현될 수 있다.

프롤레타리아트는 착취자의 저항을 억누르기 위해서도, 또한 사회주의적 경제를 '운영하고자' 농민·프티부르주아·반¥프롤레타리아 등의 방대한 주민대중을 지도하기 위해서도, 국가권력, 집중화된 권력조직, 폭력조직이 필요하다.

노동자당을 교육함으로써 마르크스주의는 프롤레타리아트의 전위대, 즉 권력을 장악하고 인민 전체를 사회주의로 인도

57

하며 새로운 질서를 지도·조직하고 모든 노동자와 피착취자가 부르주아지 없이 부르주아지에 반하여 사회생활을 형성하는 과정에서 그들의 교사·지도자·인도자가 될 수 있는 전위대를 길러낸다. 이와 반대로 오늘날에 지배적인 기회주의는 노동자당 내부에 대중에게서 멀어졌고 자본주의하에서 상당히 '잘 지낼' 줄 알며 콩 요리 한 접시에 자신의 장자상속권을 팔아먹는 자들, 즉 부르주아지에 대항하는 인민의 혁명적 지도자 역할을 포기하는 고급 노동자들의 대변자들을 길러낸다.

"국가, 즉 지배계급으로 조직된 프롤레타리아트"—마르크스의 이 이론은 역사 속에서 프롤레타리아트가 담당하는 혁명적 역할에 관한 그의 이론 전체와 불가분하게 결합되어 있다. 이 역할의 완성은 프롤레타리아독재, 프롤레타리아트의 정치적 지배이다.

그런데 프롤레타리아트가 부르주아지에 **대한** 특수한 폭력 조직으로서 국가를 필요로 한다면, 부르주아지가 **자신들을 위해** 만들어놓은 국가기구를 청산하거나 파괴하지 않고 그러한 조직의 창출을 생각할 수 있겠는가 하는 문제가 자연히 제기된다. 바로 이것이 『공산당선언』을 통해 우리가 만나게 되는 문제다. 마르크스는 1848년에서 1851년까지의 혁명 경험을 총괄하면서 이 문제에 대해 말하고 있다.

2   혁명의 총괄

우리의 흥미를 끄는 국가문제에 관하여 마르크스는 『루이 보나파르트의 브뤼메르 18일』*Der achtzente des Lois Bonaparte*에서 1848년부터 1851년까지의 혁명을 다음과 같이 총괄하고 있다.

> 그러나 혁명은 철저한 것이다. 그것은 아직 연옥을 지나가고 있다. 혁명은 일정한 방식에 따라 자신의 일을 수행한다. 1851년 12월 2일(루이 보나파르트가 쿠데타를 감행한 날)까지 혁명은 준비 작업의 반을 마쳤으며, 이제 나머지 반을 완성해가고 있다. 혁명은 의회권력을 뒤엎을 수 있기 위해 제일 먼저 의회권력을 완성시켰다. 그 목적을 달성한 지금, 혁명은 **자신의 모든 파괴력을 행정권력에 집중하기 위해 행정권력을** 완성해가고 있고 가장 순수한 모습으로 환원시키고 있고 고립시키고 있고 자신의 유일한 목표로 설정하고 있다. 그리하여 혁명이 준비 작업의 나머지 절반을 완료할 때, 유럽은 자리에서 벌떡 일어나 이렇게 환호성을 지를 것이다. 잘 파냈도다, 늙은 두더지를!
> 거대한 관료조직과 군사조직, 복잡하고 정교한 국가기구, 50만의 군대에다 또 50만에 이르는 엄청난 수의 관료 집단을 거느린 이 행정권력, 프랑스 사회의 몸뚱아리를 마치 그물처럼 얽어매고 모든 숨구멍을 막고 있는 이 무시무시한 기생충적 조직체는 절대왕정

59

시대, 즉 봉건제도의 몰락기에 생겨나 봉건제도 붕괴를 촉진하였다. 제1차 프랑스혁명은 중앙집권화를 발전시켰고……그와 동시에 통치권력의 범위와 속성 및 하수인들을 확대하였다. 나폴레옹은 이 국가기구를 완성하였다. 정통왕정과 7월왕정은 분업을 더욱 확대하였을 뿐 여기에 덧붙인 것은 없다. (……)

끝으로 의회제 공화국은 혁명에 반대하는 싸움을 벌이는 과정에서 탄압 조치와 더불어 통치권의 수단과 집중을 강화할 수밖에 없었다. **모든 혁명은 이 기구들을 파괴하는 대신에 오히려 완성하였다.** 번갈아가며 지배권을 놓고 경쟁하는 정당들은 이 거대한 국가조직을 승자의 주요 전리품으로 간주하였다.(『루이 보나파르트의 브뤼메르 18일』, 제4판, 함부르크, 1907, 98~99쪽, 강조는 필자)[14]

이 탁월한 논의를 통해 마르크스주의가 『공산당선언』에서 더 나아가 커다란 진전을 이룩했다는 것을 알 수 있다. 『공산당선언』에서는 국가문제가 아직 매우 추상적으로, 아주 일반적인 개념과 표현들로 다루어졌다. 그러나 여기에서는 국가문제가 구체적으로 전개되고 있으며 매우 정확하고 분명하고 실천적으로 파악 가능한 결론, 즉 종래의 모든 혁명은 국가기구를 완성하였으나 이제는 그것을 분쇄하고 파괴하여야 한다는 결론이

14   MEW, 제8권, pp. 196~197.

도출되고 있다.

이 결론은 국가에 관한 마르크스주의의 이론에서 주요하고 기본적인 것이다. 그런데 바로 이 기본적인 것이 지배적인 공식 사회민주당들에 의하여 완전히 **망각**되고 있을 뿐만 아니라 제2인터내셔널의 가장 중요한 이론가인 카우츠키에 의하여 (뒤에서 자세히 살펴볼 것이다) 노골적으로 **왜곡**되고 있다.

『공산당선언』은 역사의 일반적 결과를 총괄해 제시한다. 그 내용에 따르면 우리는 국가를 계급지배의 도구로 보지 않을 수 없다. 또한 우리는 프롤레타리아트가 먼저 정치권력을 장악하지 않고는, 즉 정치적 지배권을 획득하고 국가를 '지배계급으로 조직된 프롤레타리아트'로 바꾸어놓지 않고는 부르주아지를 전복할 수 없으며, 계급대립이 없는 사회에서는 국가가 불필요할뿐더러 불가능하기 때문에 이 프롤레타리아국가는 프롤레타리아트의 승리 이후에는 즉시 사멸하기 시작할 것이라는 불가피한 결론에 이르게 된다. 그러나 여기서는 ― 역사적 발전이라는 견지에서 볼 때 ― 프롤레타리아국가에 의한 부르주아국가의 대체가 어떻게 이루어져야 하는가 하는 문제는 제기되고 있지 않다.

바로 이러한 문제를 마르크스는 1852년에 제기하였고 또한 해결하였다. 마르크스는 자신의 변증법적 유물론 철학에 걸맞게 1848~1851년 대혁명의 역사적 경험을 기초로 삼았다. 언제나 그렇듯 이 경우에도 마르크스의 이론은 심오한 철학적 세계관과 풍부한 역사지식이 삼투된 **경험의 총괄**이다.

국가문제는 구체적으로 제기된다. 부르주아국가, 부르주

61

아지의 지배에 필요한 국가기구는 역사적으로 어떻게 발생하였는가? 부르주아혁명 과정에서, 또 피억압 계급의 독자적 행동에 직면하여, 부르주아 국가기구는 어떤 식으로 바뀌었으며 어떤 것으로 진화했는가? 이 국가기구와 관련된 프롤레타리아트의 임무는 무엇인가?

부르주아사회에 특유한 중앙집권화된 국가권력은 절대주의의 몰락기에 출현했다. 이 국가기구에 가장 특징적인 것은 관료제와 상비군이라는 두 제도이다. 이 제도들이 수천 갈래의 끈에 의해 어떻게 부르주아지와 연결되었는가는 마르크스와 엥겔스의 저서에 많이 언급되어 있다. 각 노동자들의 경험은 이러한 연관을 아주 분명하고도 인상 깊게 예증한다. 노동자계급은 자신의 체험을 통하여 이러한 연관을 알게 된다. 그렇기 때문에 노동자계급은 이 연관의 불가피성에 관한 과학을 그토록 쉽게 터득하며 또 그토록 철저하게 자기 것으로 만드는 것이다. 그러나 프티부르주아 민주주의자들은 이 과학을 무지와 경솔로 인해 부인하거나 보다 경박스럽게 '일반적으로는' 인정하면서도 그에 상응하는 실천적 결론을 이끌어내는 것은 망각한다.

관료제와 상비군은 부르주아사회의 몸뚱이에 붙어 있는 '기생충', 이 사회를 분열시키는 내부 모순에서 생겨난 기생충, 그러나 그 사회의 숨구멍을 막고 있는 기생충이다. 오늘날 공식적 사회민주당 내에서 지배적인 카우츠키류의 기회주의는 국가를 **기생적 조직**이라고 보는 견해를 무정부주의만의 특수한 속성으로 간주한다. 물론 제국주의 전쟁에 '조국 수호'라는 개념을 적용해 그것을 정당화하고 미화함으로써 사회주의에 유례없는 모욕을 준 프티부르주아들로서는 마르크스주의에 대한 이와 같은 왜곡이 매우 마음에 들 것이다. 하지만 어찌 됐건 이것은 명백한 왜곡이다.

이 관료기구 및 군사기구는 봉건제의 몰락 이래 유럽이 무수히 체험한 모든 부르주아혁명을 통해 발전·완성·강화된다. 특히 프티부르주아지는 바로 이 기구를 통해 대大부르주아지 편으로 끌려가고 더 나아가 그들에게 복종하게 된다. 이 기구는 농민, 소규모 수공업자, 상인 중에서 상위에 있는 계층에게 비교적 편하고 안정되고 명예스러운 자리를 마련해주어 그 자리에 오른 자들이 인민 위에 서게 한다.

1917년 2월 27일 이후 반년 동안 러시아에서 일어난 일을 보라. 이전에는 흑백단원黑白團員들에게 우선적으로 제공되던 관료직이 카데트, 멘셰비키, 사회혁명단원들의 노획 대상이 되었다. 기본적으로 그들은 어떠한 진지한 개혁도 생각하지 않았고 그러한 개혁을 '헌법제정회의가 열릴 때까지' 연기하려고 하였다 ― 헌법제정회의 소집마저 전쟁이 끝날 때까지 어물어물 넘기려고 하였다! 그에 반해 노획물의 분배나 장관, 차관, 총독 등등의 자리를 차지하는 따위의 일에서는 머뭇거림이 없었으며 헌법제정회의가 열릴 때까지 기다리지도 않았다! 정부를 구성하는 조각組閣의 유희는 근본적으로 전국의 중앙관청과 지방관청에서 위아래 할 것 없이 실행되고 있는 이 '노획물'의 분배와 재분배의 단적인 표현일 뿐이었다. 1917년 2월 27일부터 8월 27일까지 반년 동안 나타난 분명한 객관적 결과는 개혁이 연기되고 관직이 분배되었으며 관직 분배의 '잘못'이 약간의 재분배에

63

의해 수정되었다는 것이다.

그러나 관료기구의 자리가 여러 부르주아 및 프티부르주아 정당(러시아를 예로 든다면 카데트, 사회혁명당원, 멘셰비키)에 더욱 많이 '재분배'되면 될수록, 피억압계급과 그들의 정점에 있는 프롤레타리아트에게서는 **전체** 부르주아사회에 대한 화해 불가능한 적대성이 더욱 분명해진다. 그렇기 때문에 모든 부르주아 정당, 심지어 '혁명적 민주주의' 정당을 포함한 가장 민주적인 정당조차 혁명적 프롤레타리아트에 대한 억압을 강화하고 바로 그 억압장치인 국가기구를 강화할 필요가 생기는 것이다. 사태가 이렇게 진행되는 탓에 혁명은 국가권력을 향해 '**자신의 모든 파괴력을 집중**'하고, 국가기구를 개선하는 것이 아니라 **파괴**하고 **절멸**하는 것을 과제로 삼지 않을 수 없다.

과제가 이런 식으로 제시되도록 만든 것은 논리적 추론이 아니라 사태의 실질적 발전, 즉 1848년부터 1851년까지의 생생한 경험이었다. 마르크스가 역사적 경험에 근거한 사실에 얼마나 철저히 의거하는가는 그가 절멸되는 국가기구를 **무엇으로** 대체할 것인가 하는 문제를 1852년에는 아직 구체적으로 제기하지 않고 있다는 사실에서 잘 드러난다. 경험은 당시에는 아직 이 문제를 다룰 기반을 제공하지 않았다. 이 문제가 실제적인 과제로 등장하게 된 것은 1871년이었다. 1852년에 자연사적 관찰의 정확성을 가지고 확인할 수 있었던 것은 사회주의혁명이 국가권력 쪽으로 '자신의 모든 파괴력을 집중'하고 국가기구를 '분쇄'해야 한다는 과제에 **이르렀다**는 것뿐이었다.

여기에서 마르크스의 경험과 관찰과 결론을 일반화하는

것이 옳은가, 다시 말해 그것들을 1848년에서 1851년에 이르는 3년간의 프랑스 역사보다 더 광범위한 영역에 전용하는 것이 과연 옳은가 하는 문제가 제기될 수 있다. 이 문제를 검토하기 위하여 먼저 엥겔스의 말부터 살펴보고, 그런 뒤 사실 문제를 다루어보자.

엥겔스는『루이 보나파르트의 브뤼메르 18일』제3판 서문에서 다음과 같이 쓰고 있다.

> 프랑스는 역사적 계급투쟁이 다른 어느 곳보다도 매번 결정적인 데까지 나아갔던 나라이며, 따라서 계급투쟁이 진행되고 그 결과가 총괄되는 변전하는 정치 형태들이 가장 뚜렷한 모습을 드러낸 나라이기도 하다. 중세에는 봉건제의 중심지였고 르네상스 이후에는 신분제 군주국의 전형이었던 프랑스는 대혁명을 통해 봉건제를 분쇄하고 부르주아지의 순수한 지배를 유럽의 그 어떤 나라보다도 전형적 형태로 수립하였다. 또한 이 나라에서는 상승하는 프롤레타리아트가 지배 부르주아지에 대해 벌이는 투쟁도 다른 나라에서 찾아볼 수 없을 정도로 첨예한 형태를 띤다.(1907년 판, 4쪽)[15]

이 인용문의 마지막 문장은, 1871년 이래 프랑스 프롤레타리아

---

15   MEW, 제21권, pp. 248~249.

국가와 혁명: 1848~1851년의 경험

트의 혁명적 투쟁이 소강상태를 보이고 있기 때문에 이미 낡은 것이 되었다. 물론 이 소강상태가 오래 지속될 수도 있겠지만, 그렇다고 해서 다가오는 사회주의혁명에서 프랑스가 계급투쟁을 결정적 지점까지 밀고 나갈 전형적인 나라로 등장할 가능성이 없는 것은 결코 아니다.

그렇지만 19세기 말과 20세기 초 선진국들의 역사를 일반적으로 살펴보면, 동일한 과정이 보다 완만하게 보다 다양한 형태로 훨씬 넓은 무대에서 진행되었음을 알 수 있다. 즉 한편으로는 공화국(프랑스, 미국, 스위스)이나 군주국(영국, 이탈리아, 스칸디나비아 제국 그리고 어느 정도는 독일도 포함)에서 '의회정권'이 설립되는 과정이 그러했고, 다른 한편으로는 부르주아적 질서의 토대를 그대로 둔 채 '노획물'인 관직을 분배하고 재분배한 여러 부르주아 당들과 프티부르주아 당들 간의 권력투쟁 과정이 그러했으며, 마지막으로 '행정권'과 그 관료 및 군사기구를 완성하고 공고히 하는 과정이 그러했다.

이것이 자본주의 국가 일반의 최근 발전에서 드러난 일반적 특징임은 의심할 여지가 없다. 프랑스는 자본주의 세계 전체에 특유한 바로 그 발전 과정을 1848년에서 1851년에 이르는 3년 동안 급속하고 뚜렷하며 집중된 형태로 보여주었다.

특히 제국주의는, 다시 말해 은행자본의 시대, 거대한 자본주의적 독점의 시대, 독점자본주의가 국가독점자본주의로 전화하는 시대는 군주국만이 아니라 가장 자유로운 공화국에서도 프롤레타리아트에 대한 억압의 강화와 관련하여 '국가기구'가 매우 강화되고 있고 관료기구와 군사기구가 전례 없이 성장

66

하고 있다는 것을 보여준다.

　지금 세계 역사는 국가기구를 '파괴'하는 데 사회주의혁명의 '모든 역량을', 1852년의 경우와는 비교도 할 수 없게 엄청난 정도로 '집중'하도록 만들고 있다.

　프롤레타리아트가 국가기구를 무엇으로 대체할 것인가에 대해서는 파리코뮌이 매우 교훈적인 자료를 제공하여 주었다.

3　1852년 마르크스의 문제 설정[16]

1907년 메링Mehring은 잡지 『신시대』*New zeit*[17](제25권, 2호, 164쪽)에 마르크스가 바이데마이에르Weydemeyer에게 보낸 1852년 3월 5일자 편지를 발췌하여 실었다. 이 편지에는 특히 다음과 같은 주목할 만한 고찰이 들어 있다.

　　　나의 공적은 근대사회에서 계급의 존재나 그들 상호 간의 투쟁을 발견했다는 데 있지 않습니다. 부르주아 역사가들은 훨씬 전에 이러한 계급투쟁의 역사적 발전을 서술하였고, 부르주아 경제학자들은 계급을 경제적으로 해부하였습니다. 내 공적의 새로운 점은 ①

16　이 절은 2판에서 추가되었다 ― 영어판 엮은이.
17　『신시대』는 독일 사회민주당 기관지로서 1883년부터 1923년까지 슈투트가르트에서 발간되었다. 이 잡지는 1890년대 후반부터 수정주의자들의 논문을 자주 게재하였으며, 제1차 세계대전 시기에는 중립파적 · 카우츠키적 입장을 취하고 사회배외주의자들을 지지하였다.

67

계급의 존재는 다만 생산의 특정한 역사적 발전단계
와 결부되어 있다는 것, ② 계급투쟁은 필연적으로 프
롤레타리아독재로 나아간다는 것, ③ 이러한 독재 자
체는 모든 계급을 지양하고 무계급사회로 나아가는
과도기일 뿐임을 입증했다는 것입니다.[18]

이 몇 마디 말을 통해 마르크스는 첫째, 자신의 이론이 부르주
아지를 대표하는 가장 깊이 있는 사상가들의 이론과 근본적으
로 구별되는 중요한 차이점을 둘째, 국가에 관한 자신의 이론이
지닌 본질을 놀라울 정도로 분명하게 표현하였다.

　　마르크스 이론에서 본질은 계급투쟁이다. 아주 흔히 이렇
게 말하고 쓴다. 그러나 이는 옳지 않다. 이러한 옳지 못한 생
각 때문에 마르크스주의를 기회주의적으로 왜곡하고 부르주아
지가 받아들일 수 있게끔 변조하는 일이 잇따라 생기는 것이
다. 왜냐하면 계급투쟁 이론은 마르크스가 **아니라 그 이전에** 부
르주아지가 만들어낸 것이며, 일반적으로 말해 부르주아지가
용인할 수 있는 것이기 때문이다. **단지** 계급투쟁만 인정하는 사
람은 아직 마르크스주의자가 아니다. 그는 아직 부르주아적 사
상과 부르주아적 정책의 범위를 벗어나지 못한 사람일 수 있다.
마르크스주의를 계급투쟁 이론에 국한하는 것은 마르크스주의
를 삭감하고 왜곡하는 것이며 부르주아지가 받아들일 수 있는
것으로 축소하는 것이다. 계급투쟁을 인정하는 데서 더 나아가

18　　MEW, 제28권, pp. 507~508.

프롤레타리아독재까지 인정하는 사람만이 마르크스주의자이다. 바로 이것이 마르크스주의자와 보통의 프티부르주아(또한 대부르주아) 간의 가장 근본적인 차이이다. 바로 이것이 마르크스주의에 대한 **진정한** 이해와 인정의 기준이 되어야 한다. 유럽 역사에서 노동자계급이 **실천적으로** 이러한 문제에 봉착하였을 때 모든 기회주의자와 개량주의자뿐 아니라 '카우츠키파'(개량주의와 마르크스주의 사이에서 동요하는 자들)까지도 하나같이 프롤레타리아독재를 거부하는 가련한 속물이나 프티부르주아적 민족주의자들이라는 것이 드러나고 말았다는 사실은 놀라운 일이 아니다. 1918년 8월, 즉 이 책의 초판이 출판된 뒤에 나온 카우츠키의 소책자 『프롤레타리아독재』는 마르크스주의에 대한 프티부르주아적 왜곡의 표본이자, **말로는** 마르크스주의를 인정하면서 **실제로는** 비열하게 거부하는 표본이다(나의 소책자 『사회주의혁명과 변절자 카우츠키』, 페트로그라드 및 모스크바, 1918년 판을 보라).[19]

이전에는 마르크스주의자였던 카우츠키를 주요 대표자로 삼는 오늘날의 기회주의는 앞의 인용문에서 마르크스가 묘사한 **부르주아적** 태도와 완전히 부합한다. 왜냐하면 오늘날의 기회주의는 계급투쟁을 인정하지만 그 영역을 부르주아적 관계에 국한하기 때문이다(그런데 교양 있는 자유주의자치고 이 영역 내부, 이 영역의 테두리 안에서 계급투쟁을 '원칙적으로' 인정하지 않는 사람은 없을 것이다!). 기회주의자가 계급투쟁을 인정하기

---

19   레닌전집, 독어판, 제28권, pp. 225~327.

국가와 혁명: 1848~1851년의 경험

를 그치는 것은 중요한 사태의 직전, 즉 자본주의에서 공산주의로 이행하는 시기, 부르주아지가 **전복**되고 완전히 **절멸**되는 시기를 바로 앞두었을 때이다. 현실적으로 이 시기는 전례 없이 격렬한 계급투쟁의 시기이자 이 투쟁이 일찍이 보지 못한 첨예한 형태를 드러내는 시기일 수밖에 없다. 따라서 이 시기의 국가 역시 불가피하게 **새로운 종류의 민주적**(프롤레타리아트와 무산자 일반을 위한) 국가이자 **새로운 종류의 독재적**(부르주아지에 대한) 국가여야 한다.

더 나아가 **한** 계급의 독재는 각각의 계급사회에만 필요하거나 부르주아지를 전복한 **프롤레타리아트**에게만 필요한 것이 아니라 자본주의와 '무계급사회' 사이의 **역사적 시기** 전체에도 필요하다는 점을 이해한 사람만이 마르크스 국가론의 본질을 포착한 사람이다. 부르주아적 국가 형태는 매우 다양하지만 그 본질은 하나이다. 이 국가들은 이러저러한 형태를 취하지만 궁극적으로는 **부르주아지의 독재**이다. 자본주의에서 공산주의로 이행할 때에도 그 정치적 형태는 매우 풍부하고 다양할 수밖에 없겠지만, 그때도 그 본질은 반드시 하나, 즉 **프롤레타리아독재**일 것이다.

제3장
국가와 혁명: 1871년 파리코뮌의 경험
— 마르크스의 분석

1 　코뮌 참가자들의 시도는 어떤 점에서 영웅적인가

잘 알려졌듯 코뮌이 있기 몇 달 전인 1870년 가을, 마르크스는 파리 노동자들에게 정부를 전복하려는 시도는 절망적일 정도로 어리석은 짓이 될 것이라고 경고하였다.[20] 그러나 1871년 결전을 **강요받은** 노동자들이 결국 이를 받아들였을 때, 즉 봉기가 사실이 되었을 때, 마르크스는 불길한 조짐에도 불구하고 매우 열광적으로 사회주의혁명을 환영했다. 그는 마르크스주의의 배신자로 악명 높은 러시아의 플레하노프처럼 '시기에 맞지 않는' 운동이라는 현학적인 비난을 일삼지 않았다. 플레하노프는 1905년 11월에는 노동자와 농민들의 투쟁을 고취하는 글을 써놓고는 1905년 12월 이후에는 "무기를 잡지 말았어야 했다"라고 자유주의자처럼 소리쳤다.

그러나 마르크스는 자신이 "의기충천하다"[21]라고 표현한 코뮌 참가자들의 영웅적 행위를 찬양하는 데 만족하지 않았다. 그는 이 혁명적 대중운동 ― 비록 그 목적을 달성하지는 못했지만 ― 이 매우 중요한 역사적 시도이자 프롤레타리아 세계혁명에서 일정한 진보이고 수백의 강령과 논의보다 더 중요한 실천적 일보라고 보았다. 이 시도를 분석해 전술상의 교훈을 끌어내고 이 시도에 근거하여 자신의 이론을 검증하는 것 ― 이것이 마

---

20 「독일-프랑스 전쟁에 관한 국제노동자협회 총평의회의 두번째 호소」Zweite Adresse des Generalrats über den Deutsch-Französischen Krieg(MEW, 제17권, pp. 271~279)를 보라.

21 마르크스가 1871년 4월 12일자로 쿠겔만L. Kugelmann에게 보낸 편지(MEW, 제33권, p. 206)를 보라.

73

르크스가 자신에게 부과한 과제였다.

마르크스가 『공산당선언』에 필요하다고 생각한 유일한 '수정'은 파리코뮌 참가자들의 혁명적 경험에 근거하여 이루어졌다.

『공산당선언』의 독일어 신판 마지막 서문에는 두 저자의 공동 서명이 들어 있는데 그 날짜가 1872년 6월 24일자로 되어 있다. 이 서문에서 저자인 마르크스와 엥겔스는 『공산당선언』의 강령이 "오늘날에는 부분적으로 낡은" 것이 되었다고 말하고 있다. 그들은 다음과 같이 계속한다.

> 특히 코뮌은 "노동자계급이 기존의 국가기구를 단순히 장악해 자기 자신의 목적을 위해 운영할 수 없다"라는 것을 증명해주었다.[22]

이 인용문에서 따옴표로 묶인 구절은 이 인용문의 저자들이 『프랑스 내전』*Der Bürgerkrieg in Frankneich*에서 따온 것이다.[23]

이와 같이 마르크스와 엥겔스는 파리코뮌의 기본적이고 중요한 교훈을 『공산당선언』에 대한 본질적 수정에 포함시켰을 정도로 그 교훈에 커다란 중요성을 부여하였다.

매우 주목할 만한 사실은 바로 이 본질적 수정이 기회주의자들에 의해 왜곡되고 있다는 것 그리고 『공산당선언』을 읽은 사람들 중 백에 아흔아홉은 아니더라도 열에 아홉은 그 수정의 본래적 의미를 정확히 알지 못하고 있다는 것이다. 기회주의자

---

22   MEW, 제18권, p. 96.
23   MEW, 제17권, p. 336을 보라.

들의 왜곡에 대해서는 그것을 다루는 장에서 보다 상세히 말하기로 하겠다. 당장은 다음과 같은 점을 지적해두는 것으로 충분할 듯하다. 세간에 퍼진 속물적 '이해'는 우리가 인용한 마르크스의 유명한 말을 마치 마르크스가 권력 장악에 반대하면서 점진적 발전의 이념을 강조하는 말인 듯 해석하고 있다.

사실은 정반대이다. 마르크스의 생각은 노동계급은 '기존의 국가기구'를 분쇄하고 파괴해야지 단순히 그것을 장악하는 데 그쳐서는 안 된다는 것이다.

1871년 4월 12일, 즉 코뮌 당시에 마르크스는 쿠겔만에게 다음과 같이 썼다.

> 나의 『브뤼메르 18일』의 마지막 장을 본다면, 당신은 내가 프랑스혁명의 우선적 시도라고 말하는 것이 더는 이전처럼 관료·군사기구를 한편의 수중에서 다른 편의 수중으로 넘겨주는 것이 아니라 그것을 **파괴**하는 것이며 또 이것이 대륙에서의 모든 현실적 인민혁명의 선결조건임을 알게 될 것입니다. 또한 바로 이것이 파리의 우리 영웅적 당 동지들의 시도인 것입니다.(『신시대』, 20권, 제1호, 1901~1902년, 709쪽, 강조는 마르크스)[24] 〔쿠겔만에게 보낸 마르크스의 편지들은 러시아어로 최소한 2판이 발간되었는데 그중 하나는 내가 편집하고 서문을 붙여서 내놓았다 — 지은이)[25]

24   MEW, 제33권, p. 205.
25   레닌 전집, 독어판, 제2권, pp. 233~242을 보라.

국가와 혁명: 1871년 파리코뮌의 경험 — 마르크스의 분석

'관료·군사기구를 파괴하는 것'이라는 말 속에는 혁명 동안 프롤레타리아트가 국가에 대해 수행할 과제가 무엇인가 하는 마르크스주의의 중요한 교훈이 요약되어 있다. 그런데 바로 이 교훈이 완전히 망각되었을 뿐만 아니라 마르크스주의에 대한 카우츠키류의 지배적 '해석'에 의하여 적극적으로 왜곡되기까지 하였던 것이다!

여기서 마르크스가 거론하는 『루이 보나파르트와 브뤼메르 18일』의 마지막 장의 내용과 관련해서는 이미 앞에서 해당 구절을 전부 인용한 바 있다.

바로 위에 인용한 마르크스의 논의에서는 특히 두 가지가 흥미롭다. 첫째, 그는 자신의 결론을 대륙에 국한하고 있다. 이는 1871년에는 영국이 아직 순수한 자본주의 국가의 표본이면서도 군벌이나 상당한 정도의 관료주의가 존재하지 않았다는 점을 고려하면 이해할 수 있는 일이다. 그래서 마르크스는 '기존의 국가기구'를 분쇄한다는 선결조건 **없이도** 혁명과 인민 혁명 자체가 가능해 보였고 또 실제로 가능했던 영국을 제외하였던 것이다.

그러나 마르크스의 이러한 제한은 제1차 제국주의 대전이 벌어지고 있는 1917년 현재 더는 타당하지 않다. 군벌과 관료가 없다는 의미에서 전 세계에서 앵글로색슨적 '자유'의 최대·최후의 대표자인 영국과 미국도 모든 것을 자신에게 복종시키고 압살하는 관료·군사 기구라는 유럽 전역의 더럽고 피비린내 나는 구렁텅이에 완전히 빠져버렸다. 이제는 영국과 미국에서도 '기존의 국가기구'(이 기구는 이들 두 나라에서도 1914년과

1917년 사이 '유럽의' 일반 제국주의 수준으로 완성되었다)에 대한 **파괴나 분쇄**가 '모든 현실적 인민혁명의 선결조건'이다.

둘째로, 관료·군사 국가기구의 분쇄가 "모든 현실적 **인민혁명의 선결조건**"이라는 마르크스의 심오한 언급은 특히 주목할 가치가 있다. '인민'혁명이라는 개념이 마르크스의 입에서 나왔다는 게 이상하게 들릴지 모르겠다. 그래서 스트루베Struvve의 추종자인 러시아의 플레하노프나 멘셰비키들처럼 마르크스주의자로 인정받고 싶어하는 자들은 마르크스의 이 표현을 '실수'라고 주장할 수도 있었을 것이다. 마르크스주의를 아주 빈약하고 자유주의적으로 왜곡해버린 그들이 보기에는 부르주아혁명과 사회주의혁명 간의 대립만이 있을 것이다. 더욱이 그들은 이 대립마저 터무니없이 경직되게 이해하고 있다.

20세기의 혁명을 예로 들면, 포르투갈 혁명이나 터키 혁명은 물론 부르주아혁명이라고 해야 할 것이다. 하지만 둘 모두 '인민'혁명은 아니었다. 왜냐하면 이 두 혁명에서는 인민대중, 인민의 압도적 다수가 자신들의 경제적·정치적 요구를 들고 나와 눈에 띌 만큼 적극적이고 독자적으로 앞장서고 있지 않기 때문이다. 그에 반해 1905~1907년의 러시아 부르주아혁명은 비록 포르투갈 혁명이나 터키 혁명이 일시적으로 성취했던 것과 같은 '빛나는' 성과를 거두지는 못했지만 의심할 여지없이 '진정한 인민'혁명이었다. 왜냐하면 억압과 착취에 짓눌려 있던 인민대중, 인민의 다수, '최하위' 사회 계층이 독자적으로 궐기해서 낡은 사회를 파괴하고 그 자리에 자기 식으로 새 사회를 건설하려는 **자신들의 요구, 자신들의 시도**를 혁명의 전체 과정에

77

각인하였기 때문이다.

1871년 유럽 대륙의 어떤 나라에서도 프롤레타리아트가 인민의 다수를 차지하지 못했다. 실제로 인민의 다수를 운동에 끌어들이는 '인민'혁명은 프롤레타리아트와 농민을 함께 아울러야 가능했다. 당시에는 이 두 계급이 '인민'을 구성하고 있었다. 이 두 계급은 '관료적·군사적 국가기구'에 의해 예속되고 압박받고 착취되고 있다는 점을 통해 결합된다. 이 기구를 **분쇄**하고 **파괴**하는 것 ─ 이것이 '인민'의, 인민 다수의, 노동자와 다수 농민의 진정한 이익이며, 빈농과 프롤레타리아트가 자유로운 동맹을 맺기 위한 '선결조건'이다. 이러한 동맹 없이는 민주주의가 지속될 수 없고 사회주의적 개조도 불가능하다.

내외적인 몇몇 원인 때문에 비록 그 목적은 달성하지 못하였지만, 잘 알려진 바와 같이 파리코뮌은 이러한 동맹으로 나아가는 길을 닦아놓았다.

따라서 마르크스는 '현실적 인민혁명'에 관해 언급하면서, 프티부르주아적 특수성을 조금도 망각하지 않은 채(마르크스는 이에 대해 많이, 자주 이야기하였다) 1871년 당시 유럽 대륙의 대다수 나라들의 실제적 계급 역관계를 아주 엄밀하게 고려하였다. 다른 한편으로 마르크스는 국가기구 파괴가 노동자뿐만 아니라 농민의 이익을 위해서도 필요하고 그들을 결합시키며, 더 나아가 그들에게 '기생충'을 제거하고 그것을 새로운 어떤 것으로 대체해야 한다는 공통 과제를 제기한다고 주장했다.

그렇다면 과연 그것을 무엇으로 대체할 것인가?

2 파괴된 국가기구를 무엇으로 대체할 것인가

마르크스가 1847년 『공산당선언』에서 이 문제에 대해 제시한 답변은 아직 매우 추상적이었다. 보다 정확히 말하면, 과제는 제시하였으나 해결 방법은 제시하지 않은 답변이었다. "프롤레타리아트를 지배계급으로 조직함"을 통해, "민주주의 쟁취"를 통해 대체한다는 것 — 이것이 『공산당선언』의 해답이었다.

마르크스는 공상에 의존하지 않았다. 그는 지배계급으로서의 프롤레타리아 조직이 구체적으로 어떤 형태를 취하게 될 것인가, 이 조직이 가장 완전하고 가장 철저한 "민주주의 쟁취"와 어떻게 결합할 것인가 하는 문제에 대한 해답을 대중운동의 경험에서 찾을 수 있을 것이라고 생각했다.

마르크스는 『프랑스 내전』이라는 책에서 코뮌의 경험을 지극히 사소한 것에 이르기까지 매우 주의 깊게 분석한다. 그 가운데 가장 중요한 구절을 인용해보자.

> 19세기에는 중세부터 내려오는 "(……) 중앙집권적 국가권력, 즉 상비군, 경찰, 관료, 성직자, 재판관 등 도처에 존재하는 기관들을 지닌 중앙집권적 국가권력 (……)"이 발전하였다. 노동과 자본 사이의 계급대립이 발전함에 따라 "(……) 국가권력은 더욱더 노동자계급을 억압하기 위한 공권력의 성격과 계급지배 기구의 성격을 띠게 되었다. 계급투쟁의 일정한 진보를 나타내는 혁명 후에는 언제나 국가의 순전한 억압적

79

성격이 더욱더 공공연히 부각된다." 1848~1849년의 혁명이 있은 후에 국가권력은 "(……) 노동에 대한 자본의 국민적 전쟁 도구"가 되었다. 제2제국은 이를 확고히 하였다.

"제국에 정반대되는 대립물은 코뮌이었다." "코뮌은" "계급지배의 군주제적 형태뿐만 아니라 계급 자체까지 폐지해야만 하는 공화국의 (……)" "특정한 형태였다."

이 프롤레타리아 사회주의 공화국의 "특정한" 형태는 무엇이었는가? 코뮌이 건설하기 시작한 국가는 어떠한 것이었는가?

> 코뮌의 첫 번째 포고는 (……) 상비군을 진압하고 그것을 무장한 인민으로 대체하는 것이었다.

이러한 요구는 오늘날 사회주의당이라 자처하는 모든 당의 강령에 들어 있다. 그러나 이들의 강령이 어떠한 가치를 갖고 있는가는 2월 27일 혁명 직후 이러한 요구를 실제로는 거부했던 우리나라의 사회혁명당원들과 멘셰비키들의 태도에서 가장 잘 드러난다!

> 코뮌은 파리의 여러 구에서 보통선거권을 통해 선출된 시의원들로 구성되었다. 그들은 책임을 지고 있었으며 언제라도 소환될 수 있었다. 그들의 대다수는 물론 노동자들이거나 노동자계급의 공인된 대표자들이

었다. (……) 지금까지 정부의 도구였던 경찰은 곧바로 그 모든 정치적 특성을 잃어버리고 책임을 지며 언제나 소환 가능한 코뮌의 도구가 되었다. 다른 모든 행정 부문의 관리들도 마찬가지였다. 코뮌의 성원들을 비롯하여 공직자는 당연히 **노동자 임금**에 해당하는 대우를 받았다. 국가의 고관에게 주어졌던 특권과 교제비는 고관들 자체와 함께 사라졌다. (……) 코뮌은 구정부의 물질적 권력의 도구였던 상비군과 경찰을 일단 제거하고 나서 곧 정신적 억압 도구인 성직자 권력을 분쇄하기 시작했다. (……) 법관들은 가시적인 모든 독립성을 상실하였다. (……) 앞으로는 그들도 (……) 선출되고 책임을 지며 소환될 수 있어야 했다.[26]

그러므로 코뮌은 분쇄된 국가기구를 '단지'보다 완전한 민주주의로, 즉 상비군의 폐지와 모든 공직자의 완전한 선거제 및 소환제로 대체한 데 불과한 것으로 보인다. 그러나 이 '단지'란 사실상 한 기구를 원칙적으로 다른 종류의 기구로 바꾸어놓는 거대한 규모의 대체를 의미한다. 여기서 우리는 '양이 질로 전환하는' 한 사례를 볼 수 있다. 즉 민주주의는 생각할 수 있는 한 가장 완전하고 철저하게 수행될 경우 부르주아 민주주의에서 프롤레타리아 민주주의로 전화하며, 국가(특정 계급을 억압하기 위한 특수한 권력)에서 더는 고유한 의미의 국가가 아닌 어떤 것

---

26   마르크스, 『프랑스 내전』, MEW, 제17권, pp. 336~339. 이하 제3장에서 레닌은 마르크스의 이 책을 계속 인용한다(같은 책, p. 341, pp. 339~342).

국가와 혁명: 1871년 파리코뮌의 경험 — 마르크스의 분석

으로 전화한다.

그러나 부르주아지와 그들의 반항을 억압하는 것은 여전히 필요하다. 바로 이것이 코뮌에서 특히 필요한 일이었다. 코뮌이 패배한 원인 중 하나도 이를 단호하게 충분히 실행하지 못한 데 있었다. 하지만 코뮌에서 억압 기관은 인민의 다수였지, 지금까지 노예제나 농노제나 혹은 임금노예제에서 항상 그랬던 것처럼 인민의 소수가 아니었다. 인민 자체의 다수가 자기들의 억압자를 억압한다면 "특수한 억압권력"은 이미 더는 필요하지 않다. 이러한 의미에서 국가는 사멸하기 시작한다. 특권을 가진 소수(특권적 관료와 상비군 장교단)의 특별한 기구들 대신에 다수 자신이 직접 그 일을 수행할 수 있다. 그리고 전체 인민이 국가권력의 기능을 수행하는 데 많은 부분을 담당하면 할수록 이 권력에 대한 필요는 더욱 줄어든다.

이와 관련하여 특히 주목할 만한 것은 온갖 종류의 교제비와 관료의 모든 금전상 특권을 폐지하고 모든 국가 공직자의 보수를 '노동자 임금' 수준으로 인하하는 등 마르크스가 강조한 코뮌의 조치들이다. 바로 여기에 부르주아 민주주의에서 프롤레타리아 민주주의로, 억압자의 민주주의에서 피억압계급의 민주주의로, 특정 계급을 억누르기 위한 '특수한 권력'으로서의 국가에서 인민의 다수, 즉 노동자와 농민의 일반적 권력에 의한 억압자의 억압으로의 전환이 매우 분명하게 표현되어 있다. 그런데 마르크스의 이론에서 이처럼 매우 분명하고 국가와 관련하여 가장 중요한 이 사실이 아주 완전히 망각되고 있다! 수많은 통속적 주석서들에는 이 사실에 관한 언급조차 없다. 그러한 사실에

82

대해서는 침묵하는 것이 '보통'이다. 마치 기독교가 국교가 된 후 기독교도들이 민주적이고 혁명적인 정신을 지닌 원시 기독교의 '소박함'을 '망각'해버린 것과 유사하게 이 사실은 시대에 뒤떨어진 '소박함'으로 취급되고 있다.

국가 고위 관리들의 보수를 인하하는 것은 '단순히' 소박한 원시적 민주주의의 요구처럼 보인다. 최신 기회주의의 '창시자' 중 한 사람이며 이전에는 사회민주주의자였던 에드아르트 베른슈타인Edard Bernstein은 천박한 부르주아적 입장에서 '원시적' 민주주의를 여러 번 비웃었다. 모든 기회주의자와 현재의 카우츠키파처럼 베른슈타인도 첫째, 자본주의에서 사회주의로의 이행은 어느 정도 '원시적' 민주주의로 '복귀'하지 않고는 불가능하다는 것(그렇게 하지 않는다면 어떻게 주민의 다수, 나아가 한 명도 빠짐 없이 전체 주민에 의해 국가 기능이 수행되는 상태로 이행할 수 있겠는가?) 둘째, 자본주의와 자본주의 문화를 토대로 한 '원시적 민주주의'는 원시 시대 또는 자본주의 이전 시대의 원시적 민주주의와는 다른 것이라는 사실을 전혀 이해하지 못하였다. 자본주의 문화는 대량생산, 공장·철도·우편·전화 등등을 만들어냈고, 낡은 '국가권력'의 기능 대부분은 이러한 기반을 바탕으로 기록, 부기, 검사 등 매우 간단한 조작으로 이제 아주 단순화될 수 있다. 그러므로 이러한 기능은 읽고 쓸 줄 아는 사람이면 누구나 맡을 수 있으며 대부분 '노동자 임금'으로 충분히 수행할 수 있다. 또한 이 기능에서 특권이나 '나리'의 그림자는 모두 제거될 수 있다(또 마땅히 제거되어야 한다).

83

모든 공직자가 예외 없이 선거로 선출되며 어느 때나 소환될 수 있다는 것, 그들의 보수를 보통의 '노동자 임금' 수준으로 낮추는 것 — 이러한 단순하고 '자명한' 민주주의적 조치에서 노동자의 이익과 농민 대다수의 이익은 완전히 일치하며, 동시에 이러한 조치는 자본주의에서 사회주의로 넘어가는 교량 역할을 한다. 이 같은 조치는 사회에 대한 국가적 개조, 즉 순전히 정치적 개조에 해당한다. 하지만 이러한 조치는 물론 '수탈자의 수탈' 실현이나 준비와 관련해서만, 다시 말해 생산수단에 대한 자본주의적 사적 소유가 사회주의적 소유로 넘어가는 것과 관련해서만 충분한 의미와 중요성을 갖는다. 마르크스는 말한다.

> 코뮌은 군대와 관료제라는 두 가지 가장 큰 지출 원천을 없앰으로써 모든 부르주아혁명의 구호 — 값싼 정부 — 를 실현하였다.

다른 프티부르주아 계층에서와 마찬가지로 농민 중에서도 겨우 극소수만이 '상승'하며 부르주아적 의미에서 '출세'라는 것을 한다. 다시 말해 부유한 사람, 즉 부르주아가 되거나 좋은 보수를 받는 특권적 관리가 된다. 무릇 농민이 있는 자본주의 국가(대개의 자본주의 국가가 이러하다)라면 어느 국가에서든 농민의 압도적 다수가 정부로부터 억압받고 있으며 그 정부의 전복을, "값싼" 정부를 갈망하고 있다. 이를 실현할 수 있는 것은 오직 프롤레타리아트뿐이다. 그리고 프롤레타리아트는 이것을 실현함으로써 동시에 국가를 사회주의적으로 개조하는 일보를 내딛는다.

3 의회제의 지양

마르크스는 말한다.

> 코뮌은 의회적 단체가 아니라 행정과 입법을 동시에
> 맡아 일하는 단체일 수밖에 없었다. (……)
> 보통선거권은 3년 또는 6년에 한 번씩 지배계급의 어
> 떤 성원들이 의회에서 인민을 대표하고 인민을 짓누를
> 것인가를 결정하는 대신에, 마치 개인적 선거권이 고
> 용주가 자기 사업에 필요한 노동자나 감독, 부기 계원
> 등을 선발하는 데 쓰이듯이 코뮌으로 조직된 인민들에
> 게 봉사하는 것이 되어야 했다.

1871년 의회제에 대해 가한 이 주목할 만한 비판 역시 오늘날에
는 지배적인 사회배외주의와 기회주의로 말미암아 마르크스주
의의 '잊힌 어구'가 되고 말았다. 오늘날의 직업적인 장관과 의
회의원, 프롤레타리아트 배반자와 '장삿속' 사회주의자는 의회
제에 대한 비판을 모조리 무정부주의자들에게 넘겨버리고는
이처럼 놀랍도록 교활한 근거를 들어 의회제에 대한 **모든** 비판
은 곧 '무정부주의'라고 비방하고 있다. '선진적' 의회제 국가의
노동자들이 이러한 '사회주의자들', 즉 샤이데만, 다비트, 레긴,
상바Sembat, 르노델, 헨더슨Henderson, 반데르벨드, 스타우닝Staun-
ing, 브란팅Branting, 비솔라티Bissolati 등의 무리를 보기만 해도 구
역질이 나서 무정부주의적 생디칼리슴에 ― 이것이 기회주의의

85

친형제임에도 불구하고 — 갈수록 더 자주 공감을 표했던 것은 전혀 놀라운 일이 아니다.

하지만 마르크스에게 혁명적 변증법은 공허한 유행어나 플레하노프, 카우츠키 등이 만들어낸 딸랑이 같은 장난감이 전혀 아니었다. 마르크스는 특히 혁명적 정세가 명백히 현존하지 않을 때는 부르주아 의회제라는 '돼지우리'까지 이용해야 한다는 것을 전혀 납득하지 못하는 무정부주의자들과 가차없이 관계를 끊을 줄 알았다. 그러나 이와 동시에 그는 참으로 혁명적인 프롤레타리아트 입장에서 의회제를 비판할 줄도 알았다.

몇 년에 한 번씩 지배계급에 속한 누가 의회에서 인민을 억압하고 짓누를 것인가를 결정하는 것 — 바로 이것이 의회적인 입헌군주국은 물론 가장 민주주의적인 공화국에서도 부르주아 의회의 진정한 본질이다.

그러나 만일 이 분야에서 프롤레타리아트의 과제라는 관점에서 국가문제를 다룬다면, 의회제를 국가기구들 가운데 하나로 본다면, 의회제에서 빠져나오는 길은 과연 어디에 있는가? 어떻게 하면 의회제 없이 해나갈 수 있을 것인가?

다시 한번 말하지만, 코뮌의 연구에 근거한 마르크스의 교훈이 철저히 잊힌 탓에 오늘날의 '사회민주주의자들'(사회주의에 대한 오늘날의 배반자들이라고 읽으라)은 의회제에 대한 비판이라면 무정부주의적이거나 반동적인 것으로 이해할 수밖에 없다.

물론 의회제에서 빠져나오는 길은 대표기관과 선거제를 폐지하는 데 있는 것이 아니라 대표기관들을 수다 떠는 장소에서 '일하는' 단체로 바꾸어놓는 데 있다. "코뮌은 의회적 단체가 아니라 입법과 행정을 동시에 담당하는 일하는 단체일 수밖에 없었다."

'의회적 단체가 아니라 일하는 단체' — 이것은 현대의 의회 의원들과 사회민주당의 의회적 '애완견들'이 안고 있는 문제점의 정곡을 찌르는 말이다! 미국에서 스위스에 이르기까지, 프랑스에서 영국, 노르웨이 등등에 이르기까지 어떠한 의회제 국가를 보든지 간에 '국가'의 진짜 일들은 무대 뒤에서 이루어지고 각 부서와 사무실, 참모진에 의해 수행되고 있다. 의회는 '열등한 인민'들을 기만하기 위한 특별한 목적으로 수다를 떨고 있을 따름이다. 이것은 틀림없는 사실이라서 부르주아 민주주의 공화국이 된 러시아 공화국에서도 진정한 의회가 창설되기 전에 이미 의회제의 이 모든 죄악이 즉시 나타났을 정도였다. 스코벨레프, 체레텔리, 체르노프, 아브크센치예프 등과 같은 부패한 속물 근성의 영웅들은 소비에트마저도 가장 추악한 부르주아 의회제를 본떠 오염시키고 한갓 수다의 장으로 만들어버렸다. 소비에트에서는 '사회주의적' 장관 양반들이 공허한 문구와 결의안들로 귀가 얇은 농민들을 속여 넘기고 있다. 정부에서는 한편으로는 가능한 한 많은 사회민주당원과 멘셰비키를 보수가 좋고 명예로운 자리인 '먹이통'에 앉히기 위하여, 다른 한편으로는 '인민의 주의를 끌기' 위하여 끝없는 춤사위가 벌어지고 있다. 그러는 사이에 관청과 참모부에서는 '국가'의 일이 '수행'되고 있는 것이다!

정부에 참여하고 있는 '사회혁명당' 기관지 『델로 나로다』

87

Delo Naroda[27]는 최근 사설에서, '모두' 정치적 매음에 종사하고 있는 '상류사회' 사람들의 비할 데 없는 솔직함을 가지고 다음과 같이 선언하였다. '사회주의자들'(이런 표현을 용서하시길!)이 이끄는 부서에서조차 전체 관료기구가 기본적으로 이전 그대로 남아 이전 방식으로 기능하고 있으며 모든 혁명적 시책을 '자유로이' 방해하고 있다고! 하기는 이런 고백이 없다고 하더라도 사회혁명당원과 멘셰비키가 정부에 참여한 실제 역사가 이 점을 충분히 증명해주고 있지 않은가? 여기에서 특기할 만한 것이라고는 카데트들과 함께 각료로 있는 체르노프, 루사노프Rus- sanow, 젠지노프Sensinow 및 『델로 나로다』의 편집자 양반들이 '자신들의' 부서에서 모든 것이 이전 그대로라는 사실을 마치 별것 아니라는 듯 얼굴도 붉히지 않고 거리낌 없이 공개적으로 말할 만큼 뻔뻔스러워졌다는 것뿐이다!! 순진한 농민들을 기만하기 위해 혁명적 · 민주적 어구를 늘어놓는 것, 자본가들을 '만족'시키기 위해 매사를 관료적으로 질질 끄는 것 — 바로 이것이 '성실한' 연합의 본질이다.

코뮌은 부르주아사회의 부패하고 오염된 의회제를, 의견과 토의의 자유를 기만의 구덩이에 빠뜨리지 않는 기관으로 대체한다. 왜냐하면 코뮌 의원들은 스스로 일하고 자신들의 법률을 스스로 이행하며 실행의 결과를 스스로 검사하고 자신들을 선출한 사람들에게 직접 책임을 져야 하기 때문이다. 대의기관

---

27   『델로 나로다』는 사회혁명당이 펴낸 일간지로서, 1917년 3월부터 1918년 6월까지 간행되었다. 이 신문은 조국방위와 화해를 옹호하였으며 부르주아 임시정부를 지지하였다.

은 여전히 남아 있지만, 특별한 조직으로서의 의회제, 입법 활동과 행정 활동을 분리시키는 것으로서의 의회제, 대의원들에게 특권적 지위를 주는 것으로서의 의회제는 코뮌에 존재하지 않는다. 대의기관이 없는 민주주의란 생각할 수 없다. 프롤레타리아 민주주의도 마찬가지다. 그러나 부르주아사회에 대한 비판이 빈말이 아니라면, 부르주아지의 지배를 전복하려는 노력이 진지하고 진심 어린 것이며 멘셰비키나 사회혁명당원, 샤이데만이나 레긴, 상바, 반데르벨트처럼 노동자들의 표를 얻기 위한 '선거' 구호가 아니라면, 우리는 의회제 없는 민주주의를 생각할 수 있으며 또 **마땅히 그렇게 해야 한다.**

마르크스가 코뮌과 프롤레타리아 민주주의에서도 필요한 저 관리층의 기능에 관해 언급하면서, 그들을 '다른 모든 고용주'에게 고용된 자, 즉 보통자본주의적 기업의 '노동자, 감독, 부기 계원'과 비교한 것은 매우 교훈적이다.

마르크스에게서는 '새로운' 사회를 꾸며내 환상 속에서 그려낸다는 의미의 유토피아는 흔적조차 찾아볼 수 없다. 아니, 오히려 마르크스는 낡은 사회**로부터** 새로운 사회의 **탄생**, 낡은 사회로부터 새로운 사회로 나아가는 과도적 형태를 — 마치 자연사적 과정인 것처럼 — 연구하고 있다. 그는 프롤레타리아 대중운동의 실제 경험을 검토하여 거기서 실천적 교훈을 찾아내려고 한다. 모든 위대한 혁명적 사상가들이 피억압계급의 위대한 운동 경험에서 배우기를 꺼리지 않았던 것처럼, 그도 코뮌에서 '배웠으며' 결코 ("무기를 잡지 말았어야 했다"라고 한 플레하노프나 "계급은 자기 한계를 지켜야 한다"라고 한 체레텔리 같이)

89

현학적 '훈계'로 대응하지 않았다.

관료제를 단번에 모든 곳에서 남김없이 폐지한다는 것은 불가능하다. 그것은 공상이다. 그러나 낡은 관료기구를 단번에 **파괴**하고는 모든 관료제를 점차 불필요한 것으로 만들고 폐지할 새로운 기구의 건설에 곧 착수하는 것, 이것은 공상이 **아니다**. 이것은 코뮌의 경험이 가르쳐준 것이며 혁명적 프롤레타리아트가 당면한 직접적인 과제이다.

자본주의는 '국가'의 행정 기능을 단순화한다. 자본주의는 '나리 자리'를 없애는 것과 사회 전체의 이름으로 '노동자, 감독, 부기 계원'을 고용하는 (지배계급으로) 조직된 프롤레타리아가 모든 일을 맡아하는 것을 가능하게 해준다.

우리는 공상가가 아니다. 우리는 어떻게 하면 **당장** 어떤 행정과 복종 없이 일을 처리할 수 있을까를 '몽상'하지 않는다. 그런 것은 프롤레타리아독재의 임무를 이해하지 못한 데서 오는 무정부주의적 몽상으로 마르크스주의와는 아무런 인연도 없다. 현실적으로 그것은 인간이 달라질 때까지 사회주의혁명을 지연시키는 데 기여할 뿐이다. 우리는 그렇지 않다. 우리는 현재 모습 그대로의 인간들, 즉 복종과 통제와 '감독과 부기 계원' 없이는 일을 해나갈 수 없는 인간들과 함께 사회주의혁명을 하려고 한다.

그러나 모든 피착취자와 노동자의 무장 전위대인 프롤레타리아트에게는 복종하여야 한다. 국가관리들의 특수한 '나리 역할'은 지금 즉시 '감독과 부기 계원'의 단순한 기능으로, 즉 현재의 도시민들이 그 발전 수준으로 볼 때 대체로 이미 완전히 감당할 수 있고 또 '노동자 임금'으로 완전히 수행될 수 있는 기능으로 대체되기 시작할 수 있으며 또 그래야만 한다.

　우리 노동자들은 이미 자본주의가 만들어놓은 것에서 시작해 우리의 노동 경험을 바탕으로 무장 노동자들의 국가권력이 뒷받침하는 엄격한 철의 규율의 도움으로 **스스로** 대규모의 생산을 조직할 것이다. 우리는 국가관리들을 우리들이 위임한 일의 단순한 집행자, 즉 책임을 지며 소환될 수 있고 근소한 보수를 받는 '감독과 부기 계원'(물론 여기에는 모든 종류와 모든 등급의 기술자들이 포함된다)의 역할로 끌어내릴 것이다 ― 바로 이것이 **우리의** 프롤레타리아트적 과제이다. 사회주의혁명을 수행하면서 먼저 **시작**할 수 있고 또 먼저 **시작**해야 하는 것이 바로 이것이다. 이 같은 시작은 대규모 생산을 토대로 자연스럽게 모든 관료제의 점진적 '사멸'로 이어질 것이고, 점점 더 단순화되는 감독과 계산의 기능이 모든 사람에 의해 순번대로 수행되다가 나중에는 습관이 되고 결국 더는 특수한 인간 계층의 **특별한** 기능이 아니게 되는 질서 ― 임금노예제와는 아무런 관계도 없는, 인용부호 없는 질서 ― 의 점진적 형성으로 이어질 것이다.

　지난 세기의 70년대에 어떤 재치 있는 독일 사회민주주의자는 **우편**을 사회주의적 경제의 모범이라고 불렀다. 이는 전적으로 옳은 말이다. 현재 우편은 국가**자본주의적** 독점의 유형에 따라 조직된 업무이다. 제국주의는 모든 트러스트를 이와 유사한 형태의 조직체로 점차 전환시키고 있다. 죽도록 일하고도 굶주리는 '보통' 노동자들 위에는 동일한 부르주아적 관료제가 자리잡고 있다. 달리 보면, 사회적 경영의 메커니즘이 이미 마련되어 있는 것이다. 자본가들을 타도하고 무장한 노동자들의 철

91

권으로 이 착취자들의 반항을 분쇄하고 현대 국가의 관료기구를 파괴하기만 하면, 우리 앞에는 단결된 노동자들이 기술자, 감독, 부기 계원들을 고용하고 '국가'의 **모든** 관리 일반에 대해 그러하듯 이들의 **모든** 노동에 대해서도 노동자들이 받는 임금을 주면서 스스로 잘 운영해나갈 수 있는 메커니즘, '기생충'으로부터 해방되고 고도의 기술을 갖춘 메커니즘이 나타날 것이다. 이것은 모든 트러스트와 관련해 즉시 실행할 수 있는 구체적이고 실천적인 과제이다. 그럼으로써 우리는 근로자들을 착취로부터 해방하고 이미 코뮌에 의하여(특히 국가 건설 분야에서) 실천적으로 시작된 경험을 넓혀갈 수 있다.

전체 국민경제를 우편 사업 조직과 같이 조직하되, 무장한 프롤레타리아트의 통제와 지도하에 있는 기술자, 감독, 부기 계원 및 **모든** 공무원이 '노동자 임금' 이상을 받지 못하도록 하는 것, 이것이 우리의 당면 목표이다. 이것이 국가이며, 이것이 우리가 필요로 하는 국가의 경제적 기초이다. 이것은 의회제는 폐지하고 대표기관은 보존할 것이며 노동계급을 부르주아지에 의한 이 기관들의 매음으로부터 벗어나게 해줄 것이다.

4   국민통일조직

코뮌이 시간이 없어서 더 이상 발전시키지 못했던 국민조직에 대한 간략한 개괄을 보면, 코뮌은 가장 작은 마을에도 갖춰져 있는 정치형태(……)여야 했다. 파리

의 '국민대의원단'도 각 코뮌에서 선출하도록 되어 있
었다.

당시 아직 중앙정부에 남아 있던, 많지는 않지만 중요
한 기능들은 의도적으로 왜곡되었다는 듯 철폐될 것
이 아니라 코뮌의 관리들, 즉 엄격한 책임을 지는 관리
들에게 이양되도록 되어 있었다.

국민의 통일은 파괴되는 것이 아니라 오히려 그 반대
로 코뮌 헌법에 의해 조직되게끔 되어 있었다. 국민의
통일은 이 통일의 구현체임을 자임하지만 사실은 국
민으로부터 독립하여 국민 위에 군림하려 한, 국민이
라는 육체에 붙은 기생적인 혹에 불과한 저 국가권력
을 폐지함으로써 실현되도록 되어 있었다.

구정부권력의 한갓 억압기관들은 잘라내야 했지만 그
정당한 기능은 사회 위에 군림하기를 요구하는 권력
에서 떼어내 사회의 책임 있는 공복들에게 넘겨주도
록 되어 있었다.

현대의 사회민주당 기회주의자들이 마르크스의 논의를 얼마나
이해하지 못하였는가 — 이해하려 하지 않았다고 하는 것이 아
마 더 정확할 것이다 — 하는 것은 변절자 베른슈타인의 헤로스
트라토스[28]적 명저『사회주의의 전제조건과 사회민주당의 임

---

[28] '헤로스트라토스'는 그리스의 에페소스 지방 사람인데, 후세에 이름을 남기려
는 목적으로 기원전 356년에 알테미스 신전을 불사르고 그해에 사망하였다.
이때부터 그 이름은 치욕적 영예를 나타내는 대명사가 되었다.

93

무』*Die Voraussetzungen des Sozialismus und die Aufgaben der Sozialdemokratie*가 무
엇보다도 잘 보여주고 있다. 이 책자에서 베른슈타인은 마르크
스의 말을 인용하고는, 이 강령은 "그 정치적 내용으로 볼 때 모
든 본질적 특징에서 프루동Proudhon의 연방주의와 매우 유사하
다. (……) 마르크스와 '프티부르주아' 프루동(베른슈타인은 아
마 자기 딴에는 풍자를 한답시고 프티부르주아라는 말에 인용부호
를 붙인 것 같다) 간의 온갖 다른 차이에도 불구하고, 이 점에서
그들의 생각은 가능한 한 최대로 근접해 있다"라고 쓰고 있다.
계속해서 베른슈타인은 지방자치단체들의 중요성이 커지고 있
는 것은 사실이지만 "현대 국가들을 마르크스와 프루동이 묘사
한 것처럼 그런 식으로 해체하고 국가조직을 완전히 변경하여
(코뮌들의 대표자들로 주의회 내지는 지방의회를 구성하고 이들
의회의 대표자들로 국민의회를 구성하여) 이전의 국민대의 형태
가 사라지도록 하는 것이 과연 민주주의의 첫째 임무인지는 자
못 의심스럽다"(베른슈타인, 『사회주의의 전제조건과 사회민주당
의 임무』, 1899년 독일어판, p. 134, p. 136)라고 말하고 있다.
　'기생적 혹인 국가권력의 폐지'에 대한 마르크스의 견해를
프루동의 연방주의와 혼동하는 것은 실로 기괴한 일이다! 그러
나 이것은 우연이 아니다. 왜냐하면 기회주의자들은 마르크스
가 여기서 중앙집권제에 반대하여 연방주의를 말하고 있는 것
이 아니라 모든 부르주아국가에 존재하는 낡은 부르주아 국가
기구의 파괴에 대해 말하고 있다는 것을 아예 생각조차 못하기
때문이다.
　기회주의자들은 자기 주위의 프티부르주아적 속물근성과

‘개량주의적’ 침체의 환경에서 눈에 띄는 것, 즉 ‘지방자치단체’ 밖에는 생각나지 않는 것이다! 기회주의자는 사회주의혁명에 관해서는 생각하는 것조차 잊어버렸다.

이것은 웃기는 일이다. 그러나 주목할 만한 사실은 그 누구도 이를 두고 베른슈타인과 논쟁을 벌이지 않았다는 것이다. 많은 사람이, 특히 러시아에서는 플레하노프가, 유럽에서는 카우츠키가 베른슈타인을 반박하였지만, 둘 다 마르크스에 대한 베른슈타인의 이 왜곡에 관해서는 아무 말도 하지 **않았다**.

기회주의자는 혁명적으로 생각하고 혁명에 관해 고찰하는 것을 망각한 나머지, 마르크스를 무정부주의의 창시자인 프루동과 혼동하여 ‘연방주의’를 마르크스에게 떠넘겨버렸다. 그런데도 정통 마르크스주의자가 되고자 하고 혁명적 마르크스주의 학설을 옹호하고자 하는 카우츠키와 플레하노프가 이 점에 대해 침묵하고 있는 것이다! 바로 여기에 마르크스주의와 무정부주의 사이의 차이에 대한 견해가 극단적으로 비속화하는 원인 중의 하나가 있다. 이러한 비속화는 카우츠키파와 기회주의자들에게 모두 해당하는데, 이에 관해서는 나중에 다시 언급할 것이다.

앞에서 인용한 코뮌의 경험에 관한 마르크스의 논의에서 연방주의는 그 흔적조차 찾을 수 없다. 마르크스는 기회주의자 베른슈타인이 보지 못한 데서 프루동과 일치한다. 마르크스는 베른슈타인이 일치한다고 보는 바로 그 지점에서 프루동과 갈라진다.

마르크스와 프루동, 이 두 사람은 현대 국가기구의 ‘파괴’

95

를 주장한다는 점에서 일치한다. 마르크스주의와 무정부주의 (프루동 및 바쿠닌Bakunin)의 이러한 일치를 기회주의자들이나 카우츠키파는 보려고 하지 않는다. 왜냐하면 그들은 이 점에서 마르크스주의로부터 후퇴했기 때문이다.

마르크스는 바로 연방주의(프롤레타리아독재에 관해서는 말할 것도 없고)의 문제에서 프루동 및 바쿠닌과 갈라진다. 연방주의는 원칙적으로 무정부주의의 프티부르주아적 견해에서 발생한다. 마르크스는 중앙집권주의자이다. 앞서 인용한 그의 서술에서는 중앙집권제로부터의 이탈은 전혀 찾아볼 수 없다. 오직 국가에 대한 프티부르주아적 '미신'에 가득 찬 사람들만이 부르주아 국가기구 폐지를 중앙집권제 폐지로 생각할 수 있는 것이다!

그런데 만일 프롤레타리아트와 빈농이 국가권력을 자기 수중에 장악하여 완전히 자유롭게 자신을 코뮌으로 조직하고 모든 코뮌의 행동을 **통일**하여 자본에 타격을 주고 자본가들의 반항을 분쇄하고 철도, 공장, 토지 등등의 사유재산을 **전** 국민, 전 사회에 넘겨준다면 이것이 중앙집권제가 아니고 무엇이겠는가? 이것이야말로 가장 철저한 민주적 중앙집권제, 그것도 프롤레타리아트적 중앙집권제가 아니고 무엇이겠는가?

베른슈타인은 자발적 중앙집권제, 코뮌들의 자발적인 국민적 통일, 부르주아지의 지배와 부르주아 국가기구를 파괴하기 위한 프롤레타리아적 코뮌들의 자발적 융합이 가능하다는 것을 생각조차 할 수 없다. 온갖 속물들과 마찬가지로 베른슈타인이 보기에도 중앙집권제는 오직 위로부터만, 오직 관료제와 군벌에 의해서만 강제되고 보존될 수 있는 어떤 것일 뿐이다.

　마르크스는 자신의 견해가 왜곡될 가능성을 예견한 듯 코뮌이 국민적 통일을 파괴하려 하고 중앙정권을 없애려 한다고 비난하는 것은 고의적 기만이라고 분명히 강조하였다. 마르크스가 의도적으로 "국민의 통일은 조직되도록 되어 있었다"라는 표현을 사용한 것은 부르주아적·군사적·관료적 중앙집권제를 의식적·민주주의적·프롤레타리아적 중앙집권제로 대치시키기 위해서였다.

　그러나…… 들으려 하지 않는 자는 귀머거리만도 못한 법이다. 현대 사회민주당의 기회주의자들은 국가권력 폐지에 대하여, 기생적 혹의 제거에 대하여 한마디도 들으려 하지 않는다.

5　기생적 국가의 절멸

우리는 이미 이와 관련된 마르크스의 말을 인용하였지만 이제 더 보충할 필요가 있다. 마르크스는 다음과 같이 쓰고 있다.

> 새로운 역사적 창조물은 그것과 다소간 비슷해 보이는 사회생활의 낡은 형태, 그것도 가까스로 살아남은 형태들의 한 조각으로 오인되는 것이 일반적 운명이다. 그래서 현대 국가권력을 파괴한 이 새로운 코뮌도 중세 코뮌의 부활로 (……) 몽테스키외와 지롱드파가 꿈꾸었던 것과 같은 소국가들의 동맹으로 (……) 중앙

97

집권화를 반대하는 낡은 투쟁의 과장된 형태로 간주되고 있다. (……)

그러나 이와 반대로 코뮌 헌법은 사회를 먹이로 삼으면서 사회의 자유로운 운동을 저해하는 '국가'라는 기생적 혹이 지금까지 빨아먹어온 모든 힘을 사회라는 신체에 되돌려주었을 것이다. 그렇게만 되었어도 프랑스의 재탄생은 이루어졌을 것이다. (……)

실제로 코뮌 헌법은 농촌 생산자들을 지방 주요 도시들의 정신적 지도하에 놓이게 만들었을 것이고, 도시 노동자들이 농촌 생산자들의 이익의 자연스런 대변자가 되도록 보장했을 것이다. 코뮌의 존재 자체가 지방자치를 자명한 것으로 수반하였다. 그러나 지방자치는 이제 무용지물이 되어버린 국가권력에 대한 평형추가 더는 아니었다.

'기생적 혹'이었던 '국가권력의 절멸', 국가권력의 '제거', 국가권력의 '파괴', '이제 무용지물이 되어버린 국가권력' ― 바로 이것이 마르크스가 코뮌의 경험을 평가하고 분석하면서 국가와 관련해 사용한 표현들이다.

이것들은 모두 반세기쯤 전에 쓰인 것이지만 오늘날 왜곡되지 않은 마르크스주의를 광범한 대중의 의식에 전달하려면 그것을 마치 발굴해내듯 다시 꺼내야 한다. 마르크스가 자신이 체험한 최후의 대혁명에 대한 고찰에서 이끌어낸 이러한 결론은 그를 잇는 프롤레타리아트 대혁명의 시기가 도래한 지금에

와서는 잊혀버렸다.

> 코뮌에 대한 해석이 다양하고 코뮌에 표현된 이해관
> 계가 다양한 것은 이전의 정부형태는 모두 본질상 억
> 압적이었으나 코뮌은 매우 신축성 있는 정치형태였음
> 을 증명하는 것이다. 코뮌의 참된 비밀은 다음과 같은
> 점에 있었다. 즉 코뮌은 본질적으로 **노동자계급의 정부**
> 였고 점유계급에 대한 생산계급의 투쟁의 결과였으며
> 마침내 찾아낸, 노동의 경제적 해방을 수행할 수 있었
> 던 정치형태였다.
> 이 마지막 조건이 없는 코뮌 헌법은 불가능한 것이었
> 고 몽상이었다.

공상가들은 사회의 사회주의적 개조가 이루어질 수 있는 정치
형태 '발견'에 몰두하고 있었다. 무정부주의자들은 정치형태 문
제를 아예 포기하였다. 현대 사회민주당의 기회주의자들은 의
회제적 민주주의 국가의 부르주아적 정치형태를 넘지 못할 한
계로 간주하고 이 '모범'에 대해 이마가 터지도록 절하면서 그러
한 형태를 **파괴**하려는 모든 노력은 무정부주의라고 선언하였다.
   마르크스는 사회주의와 정치투쟁의 전체 역사에서 출발하
여 국가는 소멸되어야 하며 그 소멸의 과도적 형태(국가로부터
비국가로의 이행)는 '지배계급으로 조직된 프롤레타리아트'일
것이라고 결론지었다. 그러나 그는 이 미래의 정치형태를 찾는
일에 착수하지 않았다. 그는 프랑스 역사에 대한 정확한 관찰에

99

국한해 이를 분석함으로써 1851년의 경험에서 얻은 결론, 즉 상황이 부르주아 국가기구의 **파괴**를 향해 나아가고 있다는 결론을 이끌어냈다.

그리고 프롤레타리아트의 대중적 혁명운동이 발발하였을 때 마르크스는 이 운동의 실패에도 불구하고 또 그것의 단기성과 확연한 취약성에도 불구하고 이 운동이 어떠한 형태를 **찾아냈는지**를 연구하기 시작하였다.

코뮌은 사회주의혁명에 의하여 '마침내 발견된', 노동의 경제적 해방을 수행할 수 있는 형태이다.

코뮌은 부르주아 국가기구를 **분쇄**하려는 사회주의혁명의 첫 시도이며 분쇄된 것을 **대체**할 수 있고 또 반드시 **대체**하여야 할 '마침내 발견된' 정치형태이다.

우리는 이후의 서술에서 러시아의 1905년 혁명과 1917년 혁명이 다른 환경과 다른 조건에서 코뮌의 사업을 계속하는 것이며 마르크스의 천재적인 역사적 분석을 확증하는 것임을 보게 될 것이다.

제4장
계속해서: 엥겔스의 보충 설명

마르크스는 코뮌의 경험이 갖는 의미에 관해 기본적인 것들을 제공했다. 엥겔스도 여러 차례에 걸쳐 이 문제를 다루었는데 마르크스의 분석과 결론을 설명하면서 이따금 이 문제의 **다른** 측면을 아주 힘차고 뚜렷하게 밝히고 있기 때문에 그의 설명을 특별히 고찰할 필요가 있다.

1   『주택문제에 관하여』

엥겔스는 주택문제에 관한 자신의 논문(1872)에서 이미 코뮌의 경험을 고려하면서 국가와 관련해 혁명이 수행해야 할 과제가 무엇인지 여러 차례 언급한다. 흥미 있는 것은 한편으로는 프롤레타리아국가와 현재의 국가 사이의 유사한 특징, 다시 말해 양자를 모두 국가라고 부를 수 있게 해주는 특징과 다른 한편으로는 둘 사이의 차이점이나 국가의 폐지로의 이행이 이와 같이 구체적인 논제하에서 명료하게 설명되고 있다는 점이다.

> 그러면 주택문제를 어떻게 해결할 것인가? 현 사회에서 이 문제는 온갖 다른 사회문제와 마찬가지 방식으로 해결된다. 즉 수요와 공급 간의 점진적인 경제적 균형에 의해 해결된다. 그러나 이러한 해결책은 그 문제 자체를 끊임없이 재생산할 뿐이며 따라서 전혀 해결책이 되지 못한다. 사회혁명이 이 문제를 어떻게 해결할 것인가는 각각의 개별적인 문제를 둘러싼 상황에

103

계속해서: 엥겔스의 보충 설명

달려 있을 뿐만 아니라 훨씬 더 본질적인 문제들과 관련되어 있는데, 그 가운데 가장 근본적인 문제 중 하나는 도시와 농촌 간의 대립을 없애는 문제이다. 그러나 우리는 미래의 사회조직에 관한 공상적 체계를 만들어내는 것은 아니므로 여기서 이 문제를 더 깊이 다룰 필요는 없을 것이다. 하지만 한 가지 사실은 분명하다. 즉 현재 대도시에는 잘 이용하기만 하면 '주택난'을 즉시 해소하기에 충분한 수의 주택들이 있다. 물론 주택난 해소는 현재의 소유자들에게서 주택을 몰수해 그것을 집 없는 노동자들이나 지나치게 많은 사람이 입주한 주택에 사는 노동자들에게 나누어 주는 방법에 의해서만 실현될 수 있다. 그리고 프롤레타리아트가 권력을 쟁취하자마자 공공이익을 위해 요구되는 이러한 조처는 오늘날 국가에 의한 다른 수탈 및 점유만큼이나 쉽게 실현될 것이다.(1887년 독일어판, 22쪽)[29]

여기서는 국가권력의 형태 변화는 고찰되지 않고 오직 그 활동 내용만이 다루어지고 있다. 주택의 몰수와 점유는 현재 국가의 명령으로도 실행된다. 형식적인 면에서 보면 프롤레타리아국가도 주택의 점유와 몰수를 '명령'하게 될 것이다. 그러나 낡은 행정기관, 즉 부르주아지와 연결된 관료제는 프롤레타리아국가의 명령을 수행해내기에는 전혀 적합하지 않을 것이 분명하다.

29   엥겔스, 『주택문제에 관하여』, MEW, 제18권, pp. 226~227쪽. 이하 이 절에서 레닌은 엥겔스의 이 저작을 인용하고 있다(같은 책, p. 266, p. 282).

그런데 모든 노동도구와 전체 산업에 대한 근로인민의 '사실상의 점유'라는 것은 프루동주의자가 말하는 '배상'과는 정반대되는 것임을 분명히 해두지 않으면 안 된다. 후자의 경우에는 **개개의 노동자**가 주택, 농지, 노동도구의 소유자가 된다. 전자의 경우에는 '근로인민'이 주택, 공장 및 노동도구의 집단적 소유자가 되며, 적어도 과도기에는 이러한 주택, 공장 등의 이용권을 개인이나 조합에 무상으로 넘겨주는 일은 거의 없을 것이다. 이와 꼭 마찬가지로 토지 소유의 폐지가 곧 지대의 폐지를 의미하는 것은 아니며, 비록 변형된 형태로나마 지대를 사회에 양도하는 것을 의미한다. 따라서 근로인민이 노동도구를 사실상 점유한다는 것이 결코 임대차 관계의 유지를 배제하는 것은 아니다.(68쪽)

이 인용문에서 언급된 문제, 즉 국가 사멸의 경제적 기초에 관한 문제는 다음 장에서 살펴볼 것이다. 엥겔스는 극히 신중한 어조로 프롤레타리아국가는 '적어도 과도기에는' 주택을 무상으로 나누어 주는 일은 '거의 없을' 것이라고 말하고 있다. 인민 전체에 속하는 주택들을 개별 가족에게 유상으로 임대한다는 것은 임대료의 징수와 일정한 통제와 주택 분배상의 기준을 전제하는 것이다. 이 모든 것은 일정한 국가형태를 필요로 하지만, 그렇다고 해서 특권적 지위에 있는 공직자들로 이루어진 특별한 군사적·관료적 기구가 필요한 것은 아니다. 주택을 무료

105

로 공급할 수 있는 상태로의 이행은 국가의 완전한 '사멸'과 관련된다.

엥겔스는 블랑키주의자들이 코뮌 이후 코뮌 경험의 영향을 받아 기본적으로 마르크스주의의 입장으로 넘어온 것에 관해 말하면서 마르크스주의의 입장을 다음과 같이 정식화한다.

> 프롤레타리아트의 정치적 행동의 필연성, 그리고 계급 폐지와 더불어 국가 폐지로의 이행으로서의 프롤레타리아독재의 필연성 (……).(55쪽)

문구 하나하나를 가지고 비판하기를 좋아하는 자나 부르주아적 '마르크스주의 박멸자'들은 아마 이와 같이 '국가 폐지'를 인정하는 것과 앞서 인용한『반뒤링론』의 한 문장에서 이러한 정식화를 무정부주의적이라 하여 거부한 것 사이에 모순이 있다고 생각할 것이다. 만일 기회주의자들이 엥겔스를 '무정부주의자'의 한 사람으로 포함시켰어도 놀랄 일이 아니다. 왜냐하면 지금은 사회배외주의자들이 국제주의자들에게 무정부주의의 누명을 씌우는 것이 점차 일반적인 경향이 되고 있기 때문이다.

마르크스주의는 항상 계급 폐지와 더불어 국가도 폐지된다고 가르쳐왔다. 엥겔스가『반뒤링론』에 있는 '국가 사멸'에 관한 유명한 구절에서 무정부주의자들을 비난하는 것은 단순히 그들이 국가 폐지를 옹호했기 때문이 아니라 그들이 '하룻밤 사이에' 국가를 폐지할 수 있다고 외쳐댔기 때문이다.

현재 횡행하는 '사회민주주의적' 교리는 국가 폐지 문제와 관련해 마르크스주의가 무정부주의에 대해 취하는 입장을 완전히 왜곡하고 있으므로, 마르크스와 엥겔스가 무정부주의자들과 벌인 논쟁 하나를 되새겨보는 것이 매우 유익할 것이다.

2   무정부주의자들과의 논쟁

이 논쟁은 1873년에 있었다. 마르크스와 엥겔스는 프루동주의자, '자치론자' 또는 '반권위론자'에 반대하는 글을 이탈리아 사회주의자 연보에 여러 편 기고하였는데 이 논문들은 1913년에야 비로소 독일어로 번역되어 『신시대』 지에 실렸다.[30] 마르크스는 무정부주의자들이 정치를 거부하는 것을 비웃으며 다음과 같이 썼다.

> 〔무정부주의자들은―옮긴이〕 만일 노동계급의 정치투쟁이 혁명적 형태를 띤다면, 그리고 노동자들이 부르주아지의 독재 대신 자신들의 혁명적 독재를 내세운다면, 그들은 원칙을 파괴하는 무서운 죄를 저지르는 것이라고 한다. 왜냐하면 노동자들은 무기를 내려놓고 국가를 폐지하는 대신에, 자신들의 하찮고 저속한 일상적 요구를 충족시키고 부르주아지의 저항을 분쇄하기 위해 국가에 혁명적이고 과도적인 형태를 부여

---

30   레닌은 마르크스의 논문「정치적 무관심주의」(MEW, 제8권, pp. 299~304)와 엥겔스의 논문「권위에 관하여」(같은 책, pp. 305~308)를 염두에 두고 있다.

계속해서: 엥겔스의 보충 설명

하게 될 것이기 때문이라는 것이다.(『신시대』, 제32년, 제1권, 1913~14년, 40쪽)

마르크스가 무정부주의자들을 논박할 때 전적으로 반대했던 것은 바로 이와 같은 국가 '폐지'였던 것이다. 그는 결코 계급 소멸과 더불어 국가도 소멸될 것이라든가 혹은 계급 폐지와 더불어 국가도 폐지될 것이라는 데 반대한 것이 아니라, 노동자들이 무기 사용을 포기해야 한다는 데 그리고 조직적 폭력 즉 '부르주아지의 저항을 분쇄한다는' 목적에 봉사해야 할 **국가**를 포기해야 한다는 데 반대한 것이다.

마르크스는 무정부주의에 대한 자신의 투쟁이 지닌 참된 의미가 왜곡되는 것을 막기 위해 프롤레타리아트에게 필요한 국가의 '혁명적이고 **과도적인** 형태'를 의도적으로 강조하고 있다. 프롤레타리아트에게는 오직 일시적으로만 국가가 필요하다. 우리는 **목표**로서의 국가 폐지의 문제에서는 결코 무정부주의자들과 의견이 다르지 않다. 우리가 주장하는 것은 계급을 폐지하는 데 피억압계급의 일시적 독재가 필요한 것과 같이 국가 폐지라는 목적을 달성하기 위해서는 착취자들에 **반대해서** 국가 권력의 도구와 수단 및 방법을 일시적으로 사용할 필요가 있다는 것이다. 마르크스는 다음과 같은 물음을 통해 무정부주의자들과 자신의 입장을 극히 예리하고도 명확하게 대비하고 있다. 노동자들은 자본가들의 굴레를 벗어던지고 나서는 '무기를 내려놓아야' 할 것인가, 아니면 자본가들의 저항을 분쇄하기 위해 무기를 사용해야 할 것인가? 그런데 한 계급이 다른 계급에 대해 무기를 체계적으로 사용한다는 것이 바로 국가의 '과도기적 형태'를 가리키는 것이 아니고 무엇이겠는가?

사회민주주의자라면 누구나 자신이 무정부주의자들과 논쟁을 벌이면서 국가문제를 **이렇게** 설정했었는지, 또 제2인터내셔널의 공식적 사회주의당들 대부분이 이 문제를 **이렇게** 설정했었는지를 자문해보는 것이 좋을 것이다.

엥겔스는 똑같은 생각을 훨씬 더 자세하고 알기 쉽게 설명하고 있다. 무엇보다도 먼저 그는 '반권위주의자'임을 자처하는, 즉 온갖 권위와 복종과 권력을 거부하는 프루동주의자들의 사상의 혼란을 비웃고 있다. 엥겔스는 "공장과 철도와 대양의 선박을 생각해보라. 기계의 사용과 수많은 사람의 계획적 협력을 바탕으로 한 이런 복잡한 기술적 시설물들 중의 어느 하나도 어느 정도의 복종과 어느 정도의 권위나 권력 없이는 기능을 발휘할 수 없으리라는 것이 분명하지 않은가?"라고 말하고 있다.

내가 가장 과격한 반권위주의자들에게 이러한 논증을 제시할 경우에 그들은 나에게 오직 다음과 같이 답변할 수 있을 뿐이다. "그렇다! 그건 사실이다. 하지만 여기서 문제가 되는 것은 우리들이 대표들에게 부여하는 권위가 아니라 **일정한 위임**인 것이다." 이런 사람들은 사물의 이름만 바꿈으로써 사물 자체를 바꿀 수 있다고 생각하는 사람들이다.

엥겔스는 이와 같이 권위와 자치는 상대적 개념이고 그 개념의

계속해서: 엥겔스의 보충 설명

적용 범위는 사회 발전의 각 단계에 따라 변하며 이 개념을 절대적인 것으로 생각하는 것은 어리석다는 것을 보여주고 나서 그에 덧붙여 기계 사용과 대량생산의 영역이 더욱더 확대되고 있다는 것을 언급한 다음, 권위에 대한 일반적인 논의로부터 국가문제로 넘어간다. 엥겔스는 다음과 같이 쓰고 있다.

자치론자들이 미래의 사회조직은 오직 생산조건들에 의해 불가피하게 규정되는 범위 내에서만 권위를 허용할 것이라고 말하는 정도에 그쳤다면 그들과 화해할 수도 있었을 것이다. 하지만 그들은 권위가 필요하도록 만드는 일체의 사실은 보지 못한 채 단지 그 말에 반대하여 격렬히 싸우고 있다.

어째서 반권위주의자들은 정치적 권위와 국가를 소리 높여 반대하는 것만으로 그치지 않는 것일까? 사회주의자들은 누구나 다 국가와 정치적 권위가 미래의 사회혁명의 결과로 소멸될 것이라는 데, 다시 말하면 공적 기능이 정치적 성격을 잃고 사회적 이익을 감시하는 단순한 행정적 기능으로 전화될 것이라는 데 동의한다. 그러나 반권위주의자들은 정치적 국가를, 그것을 낳은 사회관계가 폐지되기 전에 일격에 폐지할 것을 요구하고 있다. 그들은 권위의 폐지가 사회혁명의 첫 번째 행위가 될 것을 요구하고 있다.

이 신사분들께서는 혁명을 본 적이 있는가? 의심할 나위 없이 혁명이란 존재하는 것 가운데 가장 권위적인

110

것이다. 혁명이란 주민의 일부분이 소총과 총검과 대포 등 대단히 권위적인 수단을 가지고 주민 일부에 자신들의 의지를 강요하는 행위이다. 따라서 승리한 당은 무기를 가지고 반혁명 분자들에게 공포심을 불러일으키는 방법을 써서 자신의 지배를 유지하지 않으면 안 된다. 만일 파리코뮌이 부르주아지에 반대하는 무장한 인민의 권위를 사용하지 않았다면 과연 단 하루라도 유지될 수 있었겠는가? 오히려 우리는 코뮌이 그와 같은 권위를 너무나 적게 사용한 것을 탓해야 하지 않을까?

따라서 둘 중 하나이다. 반권위주의자들은 자신들이 말하는 것을 모르고 있거나 알고 있다. 전자의 경우 그들은 혼란만 만들어내고 있을 뿐이며 후자의 경우 그들은 프롤레타리아트의 운동을 배반하고 있는 것이다. 어느 경우든 그들은 단지 반동에만 봉사하고 있을 뿐이다.(39쪽)

이 논의 속에는 국가 '사멸에서' 정치와 경제의 상호관계(이 문제는 다음 장에서 다룰 것이다)와 관련해 고찰해야 할 문제들이 언급되어 있다. 공적 기능이 정치적인 것에서 단순히 행정적인 것으로 전화하는 문제와 "정치적 국가"의 문제가 바로 그것이다. 특히 오해를 불러일으키기 쉬운 "정치적 국가"라는 표현은 국가의 사멸 과정을 가리키는 것이다. 따라서 사멸해가고 있는 국가는 사멸 과정의 일정한 단계에서는 비정치적 국가라고 불

계속해서: 엥겔스의 보충 설명

릴 수도 있는 것이다.

　엥겔스의 이 논의에서 가장 주목할 만한 것은 엥겔스가 또 다시 무정부주의자들에 반대해 자신의 입장을 표명한 방식이다. 엥겔스의 제자가 되고 싶어하는 사회민주주의자들은 1873년 이래 무정부주의자들과 수도 없이 논쟁을 했지만, 마르크스주의자로서 할 수 있고 또 해야 할 논쟁은 **하지 않았다**. 국가 폐지에 관한 무정부주의의 관념은 뒤죽박죽이고 **비혁명적이다** ─ 엥겔스는 바로 이렇게 문제를 제기했다. 무정부주의자들은 혁명을 그 발생과 발전의 견지에서, 폭력 · 권위 · 권력 · 국가 등에 대한 혁명의 특수한 과제의 견지에서 보려고 하지 않는다.

　오늘날의 사회민주주의자들이 무정부주의에 대해 보통 가하는 비판을 한마디로 하면 "우리는 국가를 인정하지만 무정부주의자들은 국가를 부정한다!"라는 식의 순전히 소시민적인 진부한 주장이다. 물론 이와 같이 진부한 주장은 조금이라도 생각이 있고 혁명적인 노동자들의 반발을 불러일으키지 않을 수 없다. 엥겔스는 그와 다르게 말하고 있다. 그는 사회주의자는 누구나 다 사회주의혁명의 결과로서 국가가 사멸되리라는 것을 인정한다고 강조하고 있다. 그러고 나서 그는 혁명의 문제, 즉 대개는 기회주의 진영의 사회민주주의자들이 그 '검토'를 전적으로 무정부주의자들에게 맡기면서 회피하는 문제를 구체적으로 제기하고 있다. 엥겔스는 이 문제를 다루면서 코뮌은 **국가의 혁명적** 권력, 즉 지배계급으로 조직된 무장한 프롤레타리아트의 혁명적 권력을 **더 많이** 이용했어야 하지 않았을까 하고 과감히 문제를 제기하고 있다.

112

지배적 위치를 차지하고 있는 공식적 사회민주당은 혁명에서 프롤레타리아트의 구체적 임무에 관한 문제를 단순히 속물적 조소로 처리해버리든가, 좀 나은 경우라 해도 "나중에 알게 될 것이다" 하고 궤변적 발뺌의 말로 처리해버리는 것이 보통이다. 그래서 무정부주의자들은 당연히 이러한 사회민주당에 대해, 사회민주당은 노동자들을 혁명적으로 교육할 임무를 포기하고 있다고 말할 수 있게 되었다. 엥겔스는 프롤레타리아트가 은행에 대해서나 국가에 대해 무엇을 해야 하고 또 어떻게 해야 할 것인가를 아주 구체적으로 연구하기 위해 최근의 사회주의혁명 경험을 이용하고 있다.

3 베벨에게 보낸 편지

국가에 관한 마르크스와 엥겔스의 저작 중 가장 훌륭한 논의는 아니라 해도 그중 하나라고 할 수 있는 것이 1875년 3월 18일부터 24일까지 엥겔스가 베벨에게 보낸 편지에 있는 다음과 같은 구절이다. 이 편지는 우리가 알기로는 그것이 쓰여 보내진 지 36년 뒤인 1911년에 출판된 베벨의 회고록 『내 생애에서』*Aus meinen Leben* 제2권에 처음으로 발표되었다.

엥겔스는 마르크스가 브라케Bracke에게 보낸 유명한 편지에서 비판했던 바로 그 고타강령 초안을 비판하면서 특히 국가문제에 관해 베벨에게 다음과 같이 썼다.

계속해서: 엥겔스의 보충 설명

〔강령 초안에서는—옮긴이〕 자유인민국가가 자유국가로 바뀌어 있습니다. 문법적 의미에서 보자면 자유국가란 국가가 자기 공민에 대해 자유로운 국가, 따라서 전제정부를 가진 국가입니다. 국가에 관한 이러한 쓸데없는 말은 모두 그만두어야 합니다. 본래적 의미의 국가가 아니었던 코뮌 이후에는 특히 그렇습니다. 이미 프루동을 논박한 마르크스의 저작과 그후『공산당선언』에서 국가는 사회주의적 사회제도의 실시와 더불어 스스로 해체되고 소멸된다고 단언하고 있는데도, 무정부주의자들은 '인민국가'라는 말 때문에 넌덜머리가 나도록 우리를 공격하였습니다. 국가란 투쟁에서, 혁명에서 자기의 적들을 폭력적으로 진압하기 위해 이용하는 과도적 기구일 뿐이므로 자유인민국가니 뭐니 하는 것은 순전히 헛소리입니다. 프롤레타리아트가 여전히 국가를 **필요로 하는** 동안 그들은 자유를 위해서가 아니라 적들을 진압하기 위해 그것을 필요로 하는 것이며, 자유에 관해 말할 수 있게 되면 곧 국가로서의 국가는 더는 존재하지 않게 될 것입니다. 따라서 우리는 모든 곳에서 **국가**라는 말 대신 '코뮌'이라는 프랑스어에 해당하는, 옛날부터 써오던 훌륭한 독일어인 '공동체'Gemeinwesen라는 말을 쓸 것을 제안하고 싶습니다.(독일어판, 322쪽)[31]

31   MEW, 제19권, pp. 6~7.

우리가 염두에 둘 것은 이 편지가 불과 몇 주 후에 마르크스가 쓴 편지(1875년 5월 5일에 쓴 편지)에서 비판한 당강령에 관해 언급하고 있다는 점과 또 그 당시 엥겔스가 마르크스와 함께 런던에 살고 있었다는 점이다. 따라서 엥겔스가 마지막 문장에서 '우리'라고 할 때 이것은 의심할 나위 없이 자기와 마르크스의 이름으로 독일 노동당 지도자에게 '국가'라는 말을 **강령에서 삭제**하고 그 대신 **'공동체'**라는 말을 쓰라고 제안하고 있는 것이다.

기회주의자들의 편의를 위해 위조된 오늘날의 '마르크스주의'의 우두머리들에게 이 같은 강령 수정을 제안한다면 그들은 이것을 두고 '무정부주의'라고 얼마나 아우성치겠는가!

아우성치려거든 쳐라! 그 때문에 그들은 부르주아지의 칭찬을 받게 될 것이다.

그러나 우리는 우리의 할 일을 계속해나갈 것이다. 우리는 당 강령을 재검토할 때 진리에 보다 가까이 다가가기 위해, 마르크스주의에 대한 왜곡을 쓸어버리고 마르크스주의를 부활시키기 위해, 노동계급 해방 투쟁을 더욱 확실하게 지도하기 위해, 무슨 일이 있어도 엥겔스와 마르크스의 충고를 잊지 말아야 한다. 틀림없이 볼셰비키들 중에는 마르크스와 엥겔스의 충고에 반대하는 자가 하나도 없을 것이다. 난점이 있다면 그것은 단지 용어 문제일 것이다. 독일어에는 '공동체'를 뜻하는 용어가 둘 있는데, 엥겔스는 그중 개개의 공동체를 의미하는 게마인데 Gemeinde가 **아니라** 그것의 총체 또는 체계를 의미하는 게마인베젠Gemeinwesen을 선택했다. 러시아어에는 이것에 해당하는 말이 없으므로 비록 결함이 있기는 하지만 프랑스어 '코뮌'Kommune을

115

계속해서: 엥겔스의 보충 설명

택하는 수밖에 없을 것이다.

  "코뮌은 이미 본래 의미의 국가가 아니었다." 이것이 엥겔스의 말 가운데 이론적으로 가장 중요한 주장이다. 지금까지 서술된 내용에 의거하면 이 주장은 완전하게 이해될 수 있다. 코뮌은 주민의 다수가 아닌 소수의 "착취자들"을 억압했던 것이기 때문에 더는 국가가 아니었다. 코뮌은 부르주아지의 국가기구를 파괴했다. 그리고 특수한 억압세력 대신에 주민 자신이 전면에 나섰다. 이 모든 것은 본래 의미의 국가로부터의 이탈이다. 만일 코뮌이 굳건히 뿌리를 내렸더라면 거기서 국가의 흔적은 스스로 '사멸'했을 것이며 국가기구를 '폐지'할 필요도 없었을 것이다. 즉 이 기구들은 아무 할 일이 없게 됨에 따라 기능을 상실했을 것이다.

  엥겔스가 "'인민국가'라는 말 때문에 무정부주의자들이 넌덜머리가 나도록 우리를 공격하고 있다"라고 말할 때, 그는 무엇보다도 바쿠닌과 바쿠닌이 독일 사회민주주의자들에게 가한 공격을 염두에 두고 있는 것이다. 엥겔스는 '인민국가'란 '자유인민국가'와 마찬가지로 무의미한 것이고 사회주의로부터의 이탈인 만큼 그런 한에서 이 공격이 정당했음을 인정하고 있다. 엥겔스는 무정부주의자들에 반대하는 독일 사회민주주의자들의 투쟁을 바로잡아 이 투쟁이 원칙적으로 옳은 노선을 걷게 하며 이 투쟁에서 '국가'에 관한 기회주의적 편견을 제거하려 애쓰고 있는 것이다. 하지만 유감스럽게도 엥겔스의 이 편지는 36년 동안이나 책상 서랍 속에 처박혀 있었다. 우리는 이하에서 이 편지가 발표된 뒤에도 카우츠키가 본질적으로 엥겔스가 경고한 그 과오를 고집스럽게 되풀이하는 것을 보게 될 것이다.

베벨은 1875년 9월 21일 엥겔스에게 써 보낸 답장에서, 자신은 강령 초안에 대한 엥겔스의 평가에 '전적으로 동의'하며 또 리프크네히트가 양보한 데 대해 자신은 그를 비난했다고 썼다(베벨의 『나의 생애 중에서』, 제2권, 334쪽). 그러나 『우리의 목표』*Unsere Ziele*라는 베벨의 소책자를 보면, 우리는 거기서 국가에 관한 그의 완전히 잘못된 견해를 발견하게 된다.

> 그러므로 국가는 **계급지배에 기초한 국가**에서 **인민국가**로 전환되어야 한다.(『우리의 목표』, 1886년 독일어판, 14쪽)

베벨의 소책자 제9판(제9판!)에는 이렇게 쓰여 있다. 그처럼 고집스럽게 되풀이되는 국가에 대한 기회주의적 주장이, 특히나 엥겔스의 혁명적 해설이 책상 서랍 속에 곱게 처박혀 있고 또 모든 생활환경이 오랫동안 혁명을 '잊어버리게 했던' 그 시기에, 독일 사회민주당에 의해 섭취·동화됐다는 것은 전혀 놀랄 일이 아니다.

4   에르푸르트 강령 초안에 대한 비판

엥겔스가 1891년 6월 29일에 카우츠키에게 보냈고 그후 10년이 지나서야 비로소 『신시대』지에 발표된 에르푸르트 강령[32] 초안

117

비판은 마르크스주의 국가론을 연구할 때 그냥 지나칠 수 없는 것이다. 왜냐하면 주로 **국가구조**의 문제에서 사회민주당이 취하는 **기회주의적** 견해를 비판하는 데 초점을 맞추고 있기 때문이다.

덧붙여 말하자면, 엥겔스는 경제문제에서도 대단히 가치 있는 관찰을 제공하고 있는데, 그것은 바로 현대 자본주의에서 일어나는 온갖 변화를 그가 얼마나 주의 깊고도 신중하게 추적하였으며, 또 그렇기 때문에 그가 어떻게 현 시기, 즉 제국주의 시기의 과제를 일정한 정도로 예견할 수 있었는가를 보여준다. 그 관찰이란 다음과 같다. 엥겔스는 강령 초안에서 자본주의의 성격을 규정하기 위해 사용된 '무계획성'이라는 용어에 대해 다음과 같이 쓰고 있다.

> (……) 만일 주식회사로부터 전체 공업 부문을 지배하며 독점하는 트러스트로 이행하게 된다면, 그때는 단지 사전 생산만이 아니라 무계획성도 없어지게 된다.(『신시대』, 제20년, 제1권, 1901~1902년, 8쪽)

---

32 엥겔스, 「에르푸르트 강령 초안 비판」, MEW, 제22권, pp. 225~240. 레닌은 이하의 절에서 엥겔스의 이 저작을 인용한다(같은 책, pp. 232~237). 독일 사회민주당의 '에르푸르트 강령'은 1891년 10월에 열린 에르푸르트 당대회에서 1875년의 고타강령 대신 채택되었다. 에르푸르트 강령은 마르크스주의가 독일 노동운동에서 확고한 지반을 차지했음을 명시한 강령이다. 그러나 다른 한편으로는 결함도 있어서, 이후 제국주의 시기에 수정주의자들은 자신들의 기회주의적 사상을 전파하는 데 에르푸르트 강령을 손쉽게 악용할 수 있었다.

여기서는 최신의 자본주의, 즉 제국주의를 이론적으로 평가할 때 가장 기본적인 것, 즉 자본주의가 독점**자본주의**로 전화한다는 것이 제시되고 있다. 특히 독점자본주의라는 말은 강조할 필요가 있다. 왜냐하면 독점자본주의 또는 국가독점자본주의는 이미 더는 자본주의가 **결코** 아니고 '국가사회주의' 등으로 불릴 수 있다는 부르주아 개량주의자들의 잘못된 주장이 대단히 널리 퍼져 있기 때문이다. 물론 트러스트는 완벽한 계획성을 제공하지 못했고 지금까지도 제공하지 못하고 있으며 또 제공할 수도 없다. 그러나 트러스트가 아무리 계획성을 제공하고 대자본가들이 아무리 국내적 또는 국제적 범위까지 생산규모를 미리 계산하고 생산을 계획적으로 조절한다 해도 우리는 여전히 **자본주의**하에, 비록 자본주의의 새로운 단계일지라도 그러나 의심할 여지 없이 자본주의하에 있는 것이다. **이러한** 자본주의가 사회주의에 '가깝다'라는 것은 프롤레타리아트의 진정한 대표자들에게는 사회주의혁명이 임박했다는 것, 용이하다는 것, 실현될 수 있다는 것, 절박하게 제기되고 있다는 것을 주장할 논거가 되어야지 결코 모든 개량주의자가 일삼는 사회주의혁명 부정과 자본주의 미화를 용인해야 한다는 주장의 논거가 되어서는 안 된다.

다시 국가문제로 돌아가자. 엥겔스는 편지에서 특히 귀중한 언급을 세 가지 하고 있다. 첫째는 공화제에 관한 것이고, 둘째는 민족문제와 국가구조의 연관에 관한 것이며, 셋째는 지방자치에 관한 것이다.

공화제에 관해 말하자면, 엥겔스는 이것을 에르푸르트 강

계속해서: 엥겔스의 보충 설명

령 초안에 대한 비판의 중심으로 삼았다. 에르푸르트 강령이 전체 국제 사회민주주의에서 어떠한 의의를 가지게 되었는가를 생각해본다면, 또 그것이 제2인터내셔널 전체의 전형이 되었다는 사실을 염두에 둔다면, 엥겔스가 여기에서 제2인터내셔널 전체의 기회주의를 비판하고 있다고 말해도 결코 지나친 말이 아닐 것이다.

엥겔스는 다음과 같이 쓰고 있다.

> 초안의 정치적 요구에는 중요한 것이 하나 **빠져 있다.** 거기에는 당연히 이야기되었어야 할 것이 **빠져 있다.**[강조는 엥겔스]

계속해서 엥겔스는 독일 헌법은 기본적으로 1850년의 극단적인 반동적 헌법의 모방이고, 국회는 리프크네히트의 말처럼 단지 '전제정치의 은폐물'에 지나지 않으며, 군소국가들과 독일 군소국가들의 동맹을 합법화한 이러한 헌법의 토대 위에서 '모든 노동수단의 공동소유로의 전화'를 실현하려는 것은 '분명 터무니없는' 일이라고 설명하고 있다.

독일에서는 공화제의 요구를 합법적으로 강령에 포함시킬 수 없음을 너무도 잘 알았던 엥겔스는 "하지만 이에 관해 언급하는 것은 위험하다"라고 덧붙인다. 그러나 엥겔스는 '누구나 다' 만족스럽게 생각하는 이 명백한 판단에 그저 단순히 만족하지는 않는다. 그는 계속해서 이렇게 말한다.

그렇다고 해도 이 문제는 어쨌든 따져보아야 한다. 그것이 얼마나 필요한가는 바로 지금 사회민주주의적 출판물의 많은 부분에서 만연하고 있는 기회주의가 입증해주고 있다. 그들〔사회민주주의자 내의 기회주의자 — 옮긴이〕은 사회주의자 탄압법이 부활할까봐 두려워서 그리고 그 법률이 시행되던 시기에 나온 온갖 성급한 성명이 생각나서, 지금 갑자기 당이 독일의 현행 법률질서가 당의 모든 요구를 평화적으로 실현하기에 충분한 것이라고 인정하기를 바라고 있다.

엥겔스는 독일 사회민주주의자들의 행동이 사회주의자 탄압법 부활에 대한 공포에서 비롯되었다는 이 기본적인 사실을 전면에 내세우고 조금도 주저함 없이 그것을 기회주의라고 부르고 있다. 즉 독일에는 공화제와 자유가 없으므로 '평화적' 방법을 꿈꾸는 것은 전혀 터무니없는 생각임을 선언하고 있다. 그러나 엥겔스는 스스로 제 손을 묶지는 않을 정도로 충분히 신중했다. 그는 공화제 국가나 아주 자유로운 국가에서는 사회주의로의 평화적 발전을 '생각해볼 수 있다'(단지 '생각'일 뿐이다!)라고 인정하지만 "그러나 독일에서는"이라면서, 다음과 같이 되풀이한다.

정부가 거의 전능한 힘을 갖고 있고 국회와 그 밖의 모든 대의기구가 사실상의 권력을 갖고 있지 못한 독일에서, 바로 이러한 독일에서 그와 같은 것을 선포한다

계속해서: 엥겔스의 보충 설명

는 것, 더구나 전혀 필요도 없는데 선포한다는 것은 스스로 전제주의의 은폐물을 제거해버리고는 벌거벗은 전제주의의 은폐물이 된다는 것을 뜻하는 것이다.

이러한 언급을 "무시했던" 독일 사회민주당의 공식적 지도자들 대다수는 실제로 전제주의의 옹호자임이 밝혀졌다.

그 같은 정책은 결국 자신의 당을 단지 잘못된 길로 끌고 갈 수 있을 뿐이다. 그들은 일반적이고 추상적인 정치적 문제들을 전면에 내세우고, 그렇게 함으로써 아주 큰 사건이나 중대한 정치적 위기가 발생할 때마다 자연히 등장하게 되는 시급한 구체적 문제들을 은폐한다. 이런 데서 나올 수 있는 것이라고는 당이 결정적 순간에 갑자기 무력해지고 결정적 문제들에 대한 불확실성과 불일치가 당을 지배하게 되는 것 ─ 왜냐하면 그 문제들은 한 번도 논의된 적이 없기 때문에 ─ 이외에 무엇이겠는가. (……)
눈앞의 순간적 이익 때문에 중대한 원칙적 입장을 잊어버리고, 후일의 결과를 고려하지 않은 채 순간의 성공을 추구하고 그것을 위해 투쟁하며, 현재의 운동을 위해 미래의 운동을 희생하는 이 모든 것을 "성실하다"라고 볼 수도 있을 것이다. 하지만 그것은 기회주의이며 또 여전히 기회주의로 남을 것이다. 그리고 '성실한' 기회주의야말로 모든 것 중에서 가장 위험한 것이다. (……)

분명한 것이 있다면 그것은 우리 당과 노동계급이 오직 민주공화제 형태하에서만 권력을 장악할 수 있다는 것이다. 이 민주공화제는 프랑스대혁명이 이미 보여준 바와 같이 프롤레타리아독재를 위한 특수한 형태이기도 하다.

여기서 엥겔스는 마르크스의 모든 저작을 선명하게 관통하는 근본 사상, 즉 민주공화제야말로 프롤레타리아독재로의 직접적 통로라는 것을 매우 뚜렷한 형태로 되풀이하고 있다. 왜냐하면 민주공화제는 자본의 지배, 따라서 대중에 대한 억압과 계급투쟁을 전혀 폐지하지 못하고 오히려 이 투쟁을 확대 · 전개 · 노출 · 격화시킬 수밖에 없으며, 그리하여 일단 피억압대중의 근본적 이익을 만족시킬 가능성이 생기기만 하면 이 가능성은 필연적으로 그리고 오로지 프롤레타리아독재를 통해, 프롤레타리아트에 의한 대중의 지도를 통해 실현되기 때문이다. 제2인터내셔널 전체에서는 이 역시 마르크스주의의 '잊힌 말'이다. 그리고 이것이 잊혀왔다는 것은 1917년 러시아 혁명 이후 첫 반년간의 멘셰비키당의 역사에서 아주 확연히 드러났다.

엥겔스는 주민의 민족적 구성과 관련된 연방공화제 문제에 대해 다음과 같이 썼다.

〔반동적인 군주제 헌법과 또 그만큼 반동적인 군소국가 분립제 ― '프러시아주의'의 여러 특성을 하나의 전일체

123

계속해서: 엥겔스의 보충 설명

로서의 독일 속에서 융해하지 않고 도리어 영구화하는 분립제―를 가지고 있는 현재의 독일―지은이〕 대신에 무엇이 등장해야 할 것인가? 내가 볼 때 프롤레타리아트는 오직 하나의 통일적 공화제 형태만을 취할 수 있다. 연방공화제는 광대한 영토를 가진 미합중국에서는, 비록 그 동부에서 연방공화제가 이미 장애물이 되고 있기는 하지만, 대체로 지금까지도 여전히 필요하다. 두 개의 섬에 네 민족이 살고 있고 의회는 하나인데도 세 개의 법률제도가 병존하는 영국에서는 연방공화제가 일보 전진할 것이다. 소국가인 스위스에서는 연방공화제가 장애물이 된 지 이미 오래이다. 스위스에서 연방공화제가 아직도 유지되는 것은 스위스가 단지 유럽 국가체계의 순전히 수동적인 일원으로 만족하고 있기 때문이다. 독일로서는 스위스식 연방화는 일대 퇴보일 것이다. 연방국가는 두 가지 점에서 통일국가와 다르다. 첫째, 연방에 가입한 국가들은 각기 자체의 민사·형사·입법제도와 사법제도를 갖고 있으며, 다음으로 국민의회와 아울러 연방의회가 있고 연방의회에서는 각 주Kanton가 대소를 막론하고 한 개 주로서 투표한다는 점이다. 독일에서 연방국가는 통일국가로 나아가기 위한 과도적 형태이며 따라서 1866년과 1870년의 '위로부터의 혁명'은 되돌려져야 할 것이 아니라 '아래로부터의 혁명'으로 보충되어야 하는 것이다.

엥겔스는 국가형태의 문제에 결코 무관심한 태도를 보이지 않을 뿐만 아니라 오히려 반대로 주어진 과도적 형태가 각각의 구체적인 역사적 특수성에 따라 **무엇에서 무엇으로** 넘어가는 과도적 형태인가를 정립하기 위해 바로 이 과도적 형태들을 극히 면밀히 분석하고자 했다.

엥겔스는 마르크스와 마찬가지로 프롤레타리아트와 사회주의혁명의 관점에서 민주적 중앙집권제, 통일적이고 불가분적인 공화제를 주장한다. 그는 연방공화제를 예외적 경우로, 발전의 장애물로 보고 있거나 그렇지 않으면 군주제로부터 중앙집권적 공화제로 가는 과도적 형태로, 일정한 특수조건하에서의 일보 '전진'으로 보고 있다. 그는 이 특수한 조건 중 하나로 민족문제를 전면에 제기하고 있다.

엥겔스와 마르크스 모두 소국가들의 반동적 성격과 이러한 반동성을 개개의 구체적인 경우에 민족문제를 가지고 은폐하는 데 대해 가차없이 비판하고 있지만, 그들에게서 민족문제를 회피하려는 시도는 찾아볼 수 없다. 반면 즉 네덜란드와 폴란드의 마르크스주의자들은 '자신들의' 소국가의 소시민적인 협소한 민족주의에 반대하는 지극히 정당한 투쟁에서 출발하면서도 번번이 그런 시도를 하는 잘못을 저질렀다.

엥겔스는 심지어 지리적 조건, 공통된 언어, 수백 년의 역사 등 모든 것이 개개의 작은 지방들의 민족문제를 '종식시킨' 듯 보이는 영국에서조차 민족문제가 아직 종속되지 않았다는 명백한 사실을 고려하고 있으며, 그렇기 때문에 그는 연방공화제를 일보 '전진'이라 보는 것이다. 물론 여기에는 연방공화제의

125

계속해서: 엥겔스의 보충 설명

결함에 대한 비판을 포기한다든가, 통일된 중앙집권적 민주공화국을 건설하기 위한 가장 단호한 선전과 투쟁을 포기한다든가 하는 기미는 털끝만치도 없다.

그러나 엥겔스는 민주적 중앙집권제라는 것을 부르주아 이데올로그들과 무정부주의자도 포함한 프티부르주아 이데올로그들이 사용하는 그런 관료적 의미로 이해하고 있는 것이 아니다. 엥겔스가 말하는 중앙집권제란 '코뮌들'과 지방들이 국가의 통일을 자발적으로 보전하면서 모든 관료주의와 위로부터의 온갖 '명령'을 완전히 배제하는 광범한 지방자치를 배척하는 것이 결코 아니다.

엥겔스는 국가에 대한 마르크스주의의 강령적 견해를 개진하면서 다음과 같이 쓴다.

> 그리하여 통일공화국이 된다. 그러나 그것은 1798년에 세워진 황제 없는 제국일 뿐인 현재의 프랑스공화국과 같은 의미의 공화국은 아니다. 1792년부터 1798년까지 프랑스의 각 지방과 촌락Gemeinde들은 미국식의 완전한 자치를 향유했다. 우리도 이러한 자치를 갖지 않으면 안 된다. 자치를 어떻게 조직해야 하며, 어떻게 관료제 없이 운영해나갈 수 있는가는 미국과 프랑스 제1공화국이 보여준 바 있으며 오늘날에는 오스트레일리아와 캐나다 및 그 밖의 영국 식민지에서 찾아볼 수 있다. 그리고 이러한 지방 및 촌락의 자치는 예컨대 스위스 연방제보다 훨씬 더 자유로운 제도이다.

사실 스위스에서 주는 연방에 대해〔즉 전체로서의 연방국가에 대해 ― 지은이〕독립적이지만 또한 군Bezirk과 촌락에 대해서도 독립적이다. 주정부는 군수Bezirksstatthalter와 현의 지사Präfektur를 임명하는데, 이러한 현상은 영어를 사용하는 나라들에서는 찾아볼 수 없는 것이다. 이는 우리로서도 프로이센의 관구 지도관Landrat 및 참사관Regierungsrat(장관, 군수, 현의 지사 및 일반적으로 위에서 임명하는 관리들)과 마찬가지로 장차 단연코 배제해야 할 현상이다.

그리하여 엥겔스는 강령에서 자치에 관한 항목을 다음과 같이 정식화할 것을 제안한다.

보통선거권에 따라 선출된 관리에 의한 지방〔현 혹은 주 ― 지은이〕, 군 및 촌의 완전한 자치. 국가에서 임명하는 모든 지방관청과 주관청의 폐지.

나는 케렌스키와 그 밖의 '사회주의적' 대신들의 정부에 의해 발행이 금지된 『프라우다』*Prawda* 지(1917년 5월 28일자, 제68호)[33]에서 자칭 혁명적인, 자칭 민주주의의, 자칭 사회주의적 대표자들이 이 점에서 ― 물론 오직 이 점만은 아니지만 ― **민주주의로부터** 극도로 이탈해 있음을 지적하였다. 제국주의적 부르주아

---

33   레닌 전집, 독어판, 제24권, pp. 539~542.

계속해서: 엥겔스의 보충 설명

지와 '연합'함으로써 스스로를 결박하고 있던 자들이 이러한 지적을 들은 척도 하지 않은 것은 물론이다.

주목해야 할 극히 중요한 사실은 엥겔스가 특히 프티부르주아 민주주의자들 사이에 매우 널리 퍼져 있던 편견, 즉 연방공화제가 중앙집권적 공화제보다 필연적으로 더 많은 자유를 의미한다는 편견을, 사실에 따라 대단히 정확한 실례를 들어 반박하고 있다는 점이다. 이러한 편견은 옳지 않다. 엥겔스가 1792~1798년의 중앙집권적인 프랑스공화국과 스위스연방공화국에 관해 설명한 사실이 이를 보여준다. 실제로는 민주주의적 중앙집권제 공화국이 연방제 공화국보다도 자유를 더 많이 주었다. 달리 말해 지방과 주 등등이 누린 역사상 **최대의 자유**는 **중앙집권적** 공화제가 준 것이지 연방공화제가 준 것이 아니었다.

연방공화제와 중앙집권적 공화제 및 지방자치에 관한 모든 문제 일반과 마찬가지로, 이 사실에 대해서도 우리는 당의 선전과 선동에서 충분한 주의를 기울이지 못했으며 또 기울이지 못하고 있다.

5   마르크스의 『프랑스 내전』에 실린 엥겔스의 1891년 서문

『프랑스 내전』 제3판 서문―이 서문은 1891년 3월 18일자로 되어 있으며 『신시대』지에 처음 발표되었다―에서 엥겔스는 국가에 대한 태도와 관련된 문제를 두고 몇 가지 흥미로운 언급을

부수적으로 덧붙이면서 코뮌의 교훈을 대단히 명확하게 요약하고 있다. 저자가 코뮌 이후 20년 동안의 모든 경험을 통해 깊이 고찰한 이 요약, 그리고 특히 독일에 만연해 있던 '국가에 대한 미신적 신앙'을 공격하는 이 요약이야말로 여기서 고찰하는 문제에 대한 마르크스주의의 **최후의 말**이라 해도 좋을 것이다.

엥겔스는 프랑스에서는 언제나 혁명이 있은 후에 노동자들이 무장을 하고 있었다고 말한다.

> 그러므로 국가권력을 장악한 부르주아로서는 노동자의 무장을 해제하는 것이 첫 번째 계율이었다. 따라서 노동자가 쟁취한 모든 혁명 이후에는 노동자의 패배로 끝나는 새로운 투쟁이 계속되었던 것이다.[34]

부르주아혁명 경험을 총괄하는 이 문장은 간결하면서도 의미심장하다. 여기에는 문제의 핵심이 ─ 특히 국가문제(즉 **피억압계급이 무기를 가질 것인지?**)에서 ─ 놀라울 정도로 잘 파악되어 있다. 부르주아적 이데올로기의 영향하에 있는 교수들이나 프티부르주아적 민주주의자들은 대개 바로 이 핵심을 회피하는 것이다. 1917년의 러시아 혁명에서는 '멘셰비키'이자 '가짜 마르크스주의자'인 체레텔리가 부르주아혁명이 지닌 이러한 비밀을 누설하는 영광(카베냐크적 영광)을 누렸다. 그는 6월 11일에 행

---

34   마르크스의 저작 『프랑스 내전』에 대한 엥겔스의 서문. MEW, 제22권, pp. 190~191. 레닌은 이하 이 책의 pp. 537~541에서 엥겔스의 이 저작을 인용하고 있다(같은 책, p. 194, pp. 197~199).

계속해서: 엥겔스의 보충 설명

한 '역사적' 연설에서 부르주아지가 페트로그라드의 노동자들을 무장해제하기로 결정했다는 사실을 누설했다. 이때 그는 물론 그 결정이 자신의 결정이자 일반적으로 '국가'에 필요한 것이라고 주장했다!

물론 6월 11일에 행한 체레텔리의 역사적 연설은 1917년 혁명을 연구하는 모든 역사가에게는 체레텔리 씨의 지도하에 있던 사회혁명당원들과 멘셰비키 진영이 어떻게 해서 혁명적 프롤레타리아트에 반대하여 부르주아지 편으로 넘어갔는가에 대한 가장 명백한 예증의 하나가 될 것이다.

이와 마찬가지로 국가문제와 관련된 엥겔스의 또 다른 부수적 언급은 종교에 관한 것이다. 알다시피 독일 사회민주당은 부패하고 더욱더 기회주의적이 되어감에 따라 "종교는 사적인 문제다"라는 유명한 정식定式을 점점 더 속물적으로 곡해하는 길로 빠져들었다. 즉 이 정식이 혁명적 프롤레타리아트의 당에게도 종교문제는 사적인 것이라는 의미로 해석되었던 것이다!! 엥겔스는 프롤레타리아트의 혁명적 강령에 대한 바로 이 같은 완전한 배신에 맞섰다. 그는 1891년에는 당내에서 기회주의의 가장 미약한 맹아만을 보았기 때문에 지극히 조심스럽게 다음과 같이 썼다.

> 코뮌에는 거의 전적으로 노동자들이나 공인된 노동자 대표들밖에 없었으므로 코뮌의 결정들은 명백하게 프롤레타리아적 성격을 띠었다. 이 결정들 가운데 어떤 것들은, 예를 들면 국가에 관련해서 종교는 순전히

130

사적인 일이라는 원칙의 실현과 같이 노동계급의 자유로운 활동에 필요한 기초를 제공해주는 개혁이었는데, 단지 공화주의적 부르주아지들의 비겁함 때문에 결국에는 거부되고 말았다. 또한 코뮌은 노동계급의 이익에 직접 관계되고 부분적으로는 낡은 사회제도의 폐부를 찌르는 결정들을 공포하기도 했다.

엥겔스는 '국가에 관련해서'라는 말을 의식적으로 강조했는데, 그것은 종교를 **당과 관련해서** 사적인 일이라고 선언함으로써 혁명적 프롤레타리아트의 당을 무종파적 상태는 용인하되 인민을 마비시키는 종교라는 아편에 대한 **당**의 투쟁은 포기하는 가장 비속한 '자유사상적' 속물주의의 수준으로까지 타락시킨 독일 기회주의를 정면으로 공격하기 위한 것이었다.

독일 사회민주당의 미래 역사가는 자기 당의 1914년의 치욕적 파멸의 뿌리를 파헤치다가 당의 이데올로기적 지도자인 카우츠키의 글 속에 담긴 기회주의에 문호를 개방하는 모호한 선언을 비롯하여 1913년 '교회로부터의 분리운동'Los-von-Kirche-Bewegung[35]에 대한 당의 태도에 이르기까지 이 문제에 대한 흥미 있는 자료들을 적잖이 발견하게 될 것이다.

그러나 코뮌이 있고 나서 20년 후에 엥겔스가 투쟁하는 프

---

35 교회탈퇴운동 또는 교회로부터의 독립(분리)운동은 제1차 세계대전 전야에 독일에서 벌어진 대중운동이었다. 이 쟁점에 대한 사회민주당의 태도를 두고 논쟁이 벌어지는 동안, 독일 사회민주주의운동의 지도적 인사들은 (당은 중립을 지켜야 하며, 당원들이 당을 대표하여 반종교적 · 반교권적 선전을 수행하는 것을 금지해야 한다고 주장한) 괴테를 반대하지 않았다 — 영어판 엮은이.

계속해서: 엥겔스의 보충 설명

롤레타리아트를 위해 코뮌의 교훈을 어떻게 총괄했는지 보자.

엥겔스는 다음과 같은 교훈을 전면에 내세웠다.

> 나폴레옹이 1798년에 만들었고 그 이후 등장하는 모든 새로운 정부마다 유용한 도구로 물려받아 자신의 적을 반대하는 데 이용했던 종전의 중앙집권화된 정부, 군대, 정치경찰, 관료의 억압적 권력 — 다름 아닌 바로 이 권력은 파리에서 그랬던 것처럼 프랑스의 모든 곳에서 전복되어야 할 것이다.
>
> 노동 계급이 일단 지배권을 획득하면 낡은 국가기구를 가지고는 해나갈 수 없다는 것, 이제 막 쟁취한 지배권을 또다시 잃어버리지 않기 위해서는 한편으로는 지금까지 자신들을 억압하는 데 이용되어온 모든 낡은 억압기구를 폐지하여야 하며 다른 한편으로는 자신들의 대의원들과 공직자들을 누구나 예외 없이 어느 때라도 소환할 수 있다고 선언함으로써 그들에 대한 예방조치를 취해야만 한다는 것을 코뮌은 처음부터 인정해야만 했다.

엥겔스는 군주제에서만이 아니라 **민주공화제에서도** 국가는 여전히 국가라는 것, 즉 '사회의 공복'인 공무원과 그 기관들을 사회 위에 있는 **주인**으로 만든다는 국가의 기본 특징을 여전히 갖는다는 것을 되풀이해서 강조하고 있다.

지금까지 존재했던 모든 국가에서 불가피했던 현상, 즉 국가와 국가기관이 사회의 공복에서 사회의 주인으로 전화하는 이 같은 현상을 막기 위해 코뮌은 두 가지 확실한 수단을 사용했다. 첫째로 코뮌은 행정, 입법, 교육의 모든 직위에 보통선거권 원칙에 따른 선거로 뽑힌 사람들을 임명했으며 나아가 이들이 선거인들에 의해 언제라도 소환될 수 있도록 했다. 둘째로 코뮌은 직위 고하를 막론하고 모든 공무원에게 다른 노동자들이 받는 정도의 급료만을 지불했다. 일반적으로 코뮌이 지불한 최고 급료는 6,000프랑[36]이었다. 이렇게 해서 — 이 밖에도 코뮌은 대표기관에 출석하는 대표들에게 구속력을 갖는 위임장을 제정·실시하였다 — 지위와 출세를 추구하는 풍조에 대한 확실한 방지책이 마련되었다.

여기서 엥겔스는 철저한 민주주의가 한편으로는 사회주의로 전화하고 다른 한편으로는 사회주의를 요구하는 흥미로운 경계선에 접근하고 있다. 왜냐하면 국가를 폐지하기 위해서는 국가적 직무의 여러 기능이 주민 대다수에 의해, 나중에는 주민 모두에 의해 이해되고 수행될 수 있을 정도로 간단한 통제와 회계사무

---

36 이것은 명목상으로는 약 2,400루블인데 현재 시세로 하면 약 6,000루블에 해당한다. 일부 볼셰비키들이 전국적으로 최고액을 6,000루블 — 이 정도면 충분한 금액이다 — 로 할 것을 제안하지 않고 예컨대 시의회 의원들에게 9,000루블의 급료를 지불하자고 제안하는 것은 결코 용서할 수 없는 행위이다 — 지은이.

계속해서: 엥겔스의 보충 설명

로 전화될 필요가 있기 때문이다. 그리고 출세주의를 완전히 뿌리 뽑기 위해서는 가장 자유로운 국가까지 포함해 모든 자본주의 국가에서 **항상** 볼 수 있듯 수입은 없지만 국가적 직무의 "명예로운 직위"가 은행이나 주식회사의 높은 보수를 받는 직위로 뛰어오르는 발판이 되는 일이 **없도록** 할 필요가 있다.

그러나 엥겔스는 적지 않은 수의 마르크스주의자들이 민족자결권에 관한 문제에서 범하는 오류, 즉 자본주의하에서는 민족자결권이 불가능하고 사회주의하에서는 쓸모없는 것이라는 식의 오류를 범하지 않는다. 얼핏 영리해 보이지만 사실은 잘못된 그 같은 주장은 **어떠한** 민주주의 제도에 대해서건, 심지어는 공무원의 얼마 안 되는 급료에 대해서도 되풀이될 수 있을 것이다. 왜냐하면 철두철미한 민주주의는 자본주의에서는 불가능하며 또한 사회주의에서는 모든 민주주의가 다 **사멸**할 것이기 때문이다.

이것은 마치 어떤 사람의 머리카락이 어느 시점에서 **한** 올 더 빠지면 그 사람을 대머리라고 할 수 있겠는가 하는 오래된 우스갯소리와 비슷한 궤변이다.

민주주의를 **철저히** 발전시키고 이러한 발전**형태**를 탐구하며 이러한 형태를 **실천**함으로써 시험하는 것 등 — 이 모든 것은 사회혁명을 위한 투쟁의 주요 과제 중 하나이다. 어떠한 민주주의든 그 자체만으로는 사회주의를 가져오지 못한다. 실생활에서 민주주의는 결코 '단독으로' 존재하는 것이 아니라 다른 현상들과 '함께 존재' 한다. 그것은 경제에도 영향을 주어 **경제의 변혁**을 촉진하는 동시에 그 자체가 다시 경제발전의 영향을 받

134

게 될 것이다. 이것이 살아 있는 역사의 변증법이다.

　엥겔스는 다음과 같이 이어나간다.

　　　종전의 국가권력이 이와 같이 파괴되고 그것이 새롭
　　고 진정으로 민주주의적 국가권력으로 교체되는 것에
　　관해서는 『프랑스 내전』 제3장에 상세히 서술되어 있
　　다. 하지만 여기서 다시 한번 이 교체의 몇 가지 특징
　　을 간략히 언급할 필요가 있었던 것은 독일에서는 국
　　가에 대한 미신이 철학으로부터 부르주아지의 일반적
　　의식, 나아가 심지어는 다수 노동자의 일반적 의식에
　　까지 옮아갔기 때문이다. 철학자들의 생각에 따르면,
　　국가는 '이념의 실현' 혹은 철학적 용어로 번역된, 지
　　상에 세워진 신의 왕국이며 영원한 진리와 정의가 실
　　현되고 또 실현되어야 할 영역이다. 바로 여기서 국가
　　에 대한, 국가와 관련된 모든 것에 대한 미신적 숭배가
　　생긴다. 그리고 이 미신적 숭배는 사람들이 어려서부
　　터 사회 전체의 공공사업과 공공이익은 종래의 방법
　　에 의하지 않고서는, 즉 국가와 많은 봉급을 받는 국가
　　관리들을 통하지 않고서는 실현될 수도, 유지될 수도
　　없다고 생각하는 습관이 있기 때문에 더욱 손쉽게 뿌
　　리를 내릴 수 있다. 사람들은 만일 자신들이 세습군주
　　제에 대한 신앙에서 벗어나 민주공화제에 대한 충성
　　을 맹세하면 놀랄 만큼 과감한 전진을 하는 것이라고
　　생각한다. 그러나 실제로는 국가란 한 계급이 다른 계

135

계속해서: 엥겔스의 보충 설명

급을 억압하기 위한 기구일 뿐이며 이 점은 민주공화
제도 군주제와 전혀 다를 바 없다. 결국 국가는 기껏
해야 계급지배를 위한 투쟁에서 승리한 프롤레타리아
트가 물려받은 하나의 악일 뿐이며, 승리한 프롤레타
리아트는 코뮌이 그랬듯 이 악의 최악의 측면을 가능
한 한 즉시 제거해버릴 수밖에 없을 것이다. 그리고 결
국에는 새롭고 자유로운 사회조건에서 자라난 세대가
국가라는 이 쓰레기 전체를 치워버릴 수 있을 것이다.

엥겔스는 독일인들에게 군주제가 공화제로 교체될 때 국가문제
일반에 관한 사회주의의 원칙을 잊지 말라고 경고했다. 그의 경
고는 지금 '연립'정부의 실천에서 국가에 대한 미신적 신앙과 미
신적 숭배를 드러내고 있는 체레텔리 씨와 체르노프 씨에 대한
직접적 훈계처럼 들린다!

　　주의해야 할 것이 두 가지 더 있다. 첫째, 엥겔스가 국가란
민주공화제에서도 군주제에서와 '전혀 다를 바 없이' 여전히 '한
계급이 다른 계급을 억압하기 위한 기구'라고 말하고 있기는 하
지만, 그것은 결코 몇몇 무정부주의자들이 '가르치고 있는' 것처
럼 프롤레타리아트에게 억압의 **형태**는 아무래도 좋다는 의미가
결코 아니다. 계급투쟁과 계급적 억압의 보다 광범위하고 보다
자유롭고 보다 공개적인 **형태**는 계급 일반의 폐지를 위한 프롤
레타리아트의 투쟁을 대단히 수월하게 한다.

　　둘째, 어째서 오직 새로운 세대만이 국가라는 쓰레기 전체
를 치워버릴 수 있는가. 이 문제는 우리가 다음에 취급할 민주

136

주의의 극복 문제와 관련된다.

6   민주주의의 극복에 관한 엥겔스의 견해

엥겔스는 '사회민주주의자'라는 명칭이 과학적으로 옳지 않다는 문제를 두고 민주주의 극복에 관한 견해를 표명한 바 있다.

　엥겔스는 1894년 1월 3일, 즉 그가 죽기 1년 반 전에 쓴 논문집 서문 ― 이 논문들은 1870년대에 쓴 것들로 다양한 주제를 다루는데 주로 '국제적' 문제('인민국가'에서 비롯된 국제적 문제들)와 관련된다 ― 에서, 자신은 모든 논문에서 '사회민주주의자'라는 말을 사용하지 않고 '공산주의자'라는 말을 사용했는데 이는 당시 프랑스의 프루동주의자와 독일의 라살레주의자가 사회민주주의자라고 자칭했기 때문이라고 썼다.

　엥겔스는 계속해서 다음과 같이 말한다.

　　그러므로 마르크스와 나로서는 우리의 특별한 입장을 나타내는 데 결코 그처럼 막연한 말을 사용할 수는 없었다. 물론 지금은 사정이 다르고 따라서 '사회민주주의자'라는 용어가 ― 단순히 일반적으로 사회주의적인 것이 아니라 분명히 공산주의적인 경제적 강령을 채택하고 있는 당, 모든 국가의 극복, 따라서 민주주의의 극복도 정치적 최후 목표로 삼고 있는 당으로서는 이 용어가 여전히 부적당하기는 하지만 ― 그대로 통용될

137

계속해서: 엥겔스의 보충 설명

수도 있다. 그러나 **실제의** 정당들의 명칭은 결코 그 당들과 완전히 부합하는 것은 아니다. 왜냐하면 당은 발전하지만 명칭은 그대로 남아 있기 때문이다.(강조는 엥겔스)[37]

변증법론자 엥겔스는 마지막 날까지 변증법에 충실했다. 엥겔스는 당시 마르크스와 자신이 훌륭하고 과학적으로 정확한 당의 명칭은 갖고 있었으나 실제적인 당, 즉 프롤레타리아트 대중의 당이 존재하지 않았다고 말하고 있다. 그런데 현재(19세기 말)는 실제적 당은 있지만 그 명칭이 과학적으로 정확하지 못하다. 그러나 그것은 신경 쓸 일이 아니다. 오직 당이 **발전**하기만 하면, 그리고 그 명칭이 과학적으로 정확하지 못하다는 것이 당에서 은폐되지 않고 당이 올바른 방향으로 발전하는 데 방해되지만 않는다면, 그것은 '통용될 수 있을 것이다'.

　　아마 농담하기 좋아하는 사람은, 우리에게는 실제적인 당이 있으며, 그것은 훌륭하게 발전하고 있다, 그러므로 1903년의 브뤼셀·런던 당대회에서 우리가 다수를 차지했다는 순전히 우연한 사정 이외에는 아무것도 표현하고 있지 않은 '볼셰비키' 같은 무의미하고 기형적인 용어도 '통용될 수 있다'라고 하면서 우리 볼셰비키들도 엥겔스식으로 위로하려 들지 모른다.

　　공화주의자들과 '혁명적인' 소시민적 민주주의자들이 우리 당에 가한 7월과 8월의 박해 때문에 '볼셰비키'란 말이 그처

37　　MEW, 제22권, pp. 417~418.

럼 전 인민적으로 명예로운 말이 된 지금, 게다가 그 박해가 우리 당이 그 **실제적** 발전에서 이룩한 거대한 역사적 전진을 말해 주고 있는 지금으로서는 나도 우리 당의 명칭을 변경하자는 나의 4월 제안을 재고해볼 수 있을 것이다. 나는 동지들에게 우리 당의 명칭을 공산당으로 바꾸고 '볼셰비키'란 말은 괄호 안에 남겨두자는 '타협안'을 제의할 수 있을지도 모르겠다.

그러나 당의 명칭 문제는 국가에 대한 혁명적 프롤레타리아트의 태도 문제에 비하면 훨씬 덜 중요한 문제이다.

국가에 관한 통상적인 논의에서는 엥겔스가 여기서 경고하고 있고 또 우리가 앞서 이미 지적했던 오류가 계속해서 되풀이되고 있다. 즉 사람들은 국가의 폐지는 민주주의의 폐지이기도 하며, 국가의 사멸은 곧 민주주의의 사멸이라는 것을 항상 망각하고 있다.

이 같은 주장은 언뜻 극히 이상하고 이해하기 어려운 것처럼 보인다. 아마 어떤 사람에게는 "우리가 다수에 대한 소수의 복종의 원칙이 지켜지지 않는 사회제도가 오기를 기대하는 건 아닌가? 왜냐하면 민주주의란 바로 이 같은 원칙을 인정하는 것이니까" 하는 의구심마저 생길 수 있을 것이다.

아니다. 민주주의는 다수에 대한 소수의 복종과 동일한 것이 **아니다**. 민주주의는 다수에 대한 소수의 복종을 인정하는 국가, 즉 한 계급이 다른 계급에 대해, 주민의 일부가 다른 일부에 대해 체계적 **폭력을 사용**하기 위한 조직이다.

우리는 국가의 폐지를, 즉 모든 조직적이고 체계적인 폭력의 폐지를, 인간 일반에 대한 모든 폭력 사용의 폐지를 궁극 목

139

표로 삼는다. 그렇다고 해서 우리가 다수에 대한 소수의 복종의 원칙이 지켜지지 않는 사회제도의 도래를 기대하고 있는 것은 아니다. 하지만 우리는 사회주의를 향해 나아가면서, 사회주의가 공산주의로 발전할 것이고 그에 따라 인간에 대한 폭력 일반의 필요성과 한 인간이 다른 인간에게, 주민의 일부가 다른 일부에게 **복종**할 필요성이 사라지게 될 것이라고 확신한다. 왜냐하면 인류는 **폭력 없이, 복종 없이** 사회적 공동생활의 기본 조건들을 준수하는 **습관**을 갖게 될 것이기 때문이다.

이 습관이라는 요소를 강조하기 위해 엥겔스는 "새롭고 자유로운 사회조건에서 자라난, 그리고 국가(민주공화제 국가도 포함한 모든 국가)라는 쓰레기 전체를 일소해버릴 수 있는" 새로운 **세대**에 관해 말하고 있는 것이다.

이것을 분명하게 밝히기 위해서는 국가 사멸의 경제적 기초 문제를 탐구할 필요가 있다.

제5장
국가 사멸의 경제적 기초

마르크스는 이 문제를 『고타강령 비판』(1875년 5월 5일 브라케에게 보낸 편지로서, 1891년에 이르러서야 비로소 『신시대』지 제9권 제1호에 실렸고 러시아어로는 소책자로 출판되었다)에서 가장 자세히 논하고 있다. 지금까지는 주로 이 중요한 저서에서 라살레파를 비판하는 논쟁적 부분이 부각되었기 때문에, 이 저서의 적극적인 부분, 즉 공산주의의 발전과 국가의 사멸 사이의 연관에 대한 분석은 주목을 받지 못했다.

1   마르크스의 문제 설정

1875년 5월 5일 브라케에게 보낸 마르크스의 편지와 앞에서 언급한 1875년 3월 28일에 베벨에게 보낸 엥겔스의 편지를 피상적으로 비교해보면, 마르크스가 엥겔스보다 훨씬 더 '국가옹호자'로 국가에 대한 두 저자의 견해 사이에 아주 뚜렷한 차이가 있는 것처럼 보일 수 있다.

　엥겔스는 베벨에게 국가 일반에 관한 모든 공론空論을 그만둘 것과 '국가'Staat라는 말을 강령에서 완전히 삭제하고 대신 '공동체'라는 말을 쓸 것을 제안하고 있다. 심지어 엥겔스는 코뮌은 이미 본래 의미의 국가가 결코 아니었다고까지 말하고 있다. 반면 마르크스는 심지어 '공산주의 사회의 미래 국가'에 대해서까지 말하고 있다. 즉 그는 공산주의 하에서도 국가가 필요하다고 인정하는 것처럼 보인다.

　그러나 이 같은 파악은 기본적으로 잘못된 것이라고 할 수

143

있다. 좀더 자세히 고찰해보면, 국가와 국가의 사멸에 관한 마르크스와 엥겔스의 견해는 완전히 일치하며 앞에서 언급한 마르크스의 표현은 바로 이 **사멸해가는** 국가에 관한 것임을 알 수 있다.

국가가 **미래의** 언제쯤 '사멸'할 것인가에 관해 결코 말할 수 없다는 것은 분명하다. 사멸은 틀림없이 장구한 과정일 것이므로 더욱 그렇다. 마르크스와 엥겔스 사이에 의견 차이가 있는 듯 보이는 것은 그들이 서로 다른 주제를 다루고 서로 다른 과제를 추구했기 때문이다. 엥겔스는 베벨에게 국가에 관해 널리 퍼져 있던(라살레Lassalle도 적잖이 갖고 있던) 편견이 터무니없는 것임을 큰 테두리 안에서 뚜렷하고 예리하게 보여주는 것을 자신의 과제로 삼았다. 마르크스는 이 문제에 관해서는 단지 부차적으로만 언급할 뿐이고, 그가 관심을 가졌던 것은 공산주의 사회의 **발전**이라는 주제였다.

마르크스의 이론 전체는 발전 이론 중 가장 철저하고 완전하고 충분히 숙고되고 내용이 풍부한 형태의 것을 현대 자본주의에 적용한 결과이다. 따라서 이 이론을 **임박한** 자본주의의 파멸과 **앞으로 올** 공산주의의 **장래** 발전에까지 적용하는 문제가 마르크스에게 제기된 것은 당연한 일이다.

그러나 어떤 **자료**를 근거로 해서 앞으로 올 공산주의의 발전 문제를 제기할 수 있는가?

이 문제는 공산주의가 자본주의로부터 **생겨나오는** 것이고 역사적으로 자본주의로부터 발전해나오는 것이며 자본주의가 **만들어낸** 사회세력이 작용한 결과라는 사실에 근거하여 제기될 수 있다. 마르크스에게서는 유토피아를 만들어낸다든가 알 수 없는 것에 대해 헛되이 추측하려는 시도는 조금도 찾아볼 수 없다. 마르크스는 마치 자연과학자가 새로운 생물학적 변종의 발전에 관한 문제를 제기할 때 그것이 어떻게 발생했고 어떤 일정한 방향으로 변해가고 있는지 알려지고 나서야 비로소 문제를 제기하는 것과 같은 방식으로 공산주의의 문제를 제기하고 있다.

마르크스는 무엇보다도 고타강령이 국가와 사회의 관계에 야기시킨 혼란을 제거한다.

마르크스는 다음과 같이 쓰고 있다.

> '현대사회'는 자본주의 사회로서, 이것은 모든 문명국가에 존재하며 많건 적건 중세의 혼합물에서 해방되어 있으며 각국의 역사적 발전의 특수성 때문에 변화와 발전의 정도가 다르다. 이에 반해 '현대국가'는 국경에 따라 바뀐다. 프러시아 독일 제국에서 국가는 스위스에서의 국가와 다른 것이고, 영국에서 국가는 미합중국에서의 국가와 다른 것이다. 따라서 '현대국가'라는 것은 일종의 허구다.
>
> 그러나 상이한 문명국들의 상이한 국가들은 형태상의 잡다한 차이가 있긴 하지만 모두 많건 적건 자본주의적으로 발전한 현대 부르주아사회의 지반 위에 서 있다는 공통점을 갖고 있다. 따라서 이 국가들은 약간의 본질적 특징도 공유한다. 이런 의미에서 우리는 '현대국가'를 그것의 현재 뿌리인 부르주아사회가 소멸해

145

버린 미래와 대비해 논할 수 있다.

그렇다면 공산주의 사회에서는 국가가 어떻게 변할 것인가 하는 문제가 제기된다. 다시 말해 거기에는 오늘날의 국가 기능과 유사한 어떤 사회적 기능이 남아 있을 것인가? 이 문제에 대해서는 오직 과학적으로만 대답할 수 있을 뿐이며, 인민이라는 말과 국가라는 말을 수천 번 결합해봤자 이 문제를 해결하는 데는 조금도 다가설 수 없을 것이다.[38]

마르크스는 이렇게 '인민국가'에 대한 모든 공론을 조소한 후 문제 설정을 제시하고 이 문제에 과학적으로 답하기 위해서는 오직 과학적으로 확증된 자료에만 의거해야 한다고 경고한다.

발전 이론 전체와 과학 전체에 의해 일반적으로 완전히 정확하게 확증된 첫 번째 사실 — 공상주의자들이 잊고 있었고 사회주의혁명을 두려워하는 오늘날의 기회주의자들이 잊고 있는 것 — 은 자본주의에서 공산주의로 **이행**하기 위한 특별한 단계가 역사적으로 틀림없이 존재한다는 것이다.

38   마르크스, 『고타강령 비판』, MEW, 제19권, p. 28. 레닌은 이 1절과 이 장의 3절, 4절에서 마르크스의 이 저작을 인용하고 있다(같은 책, pp. 20~21, p. 28).

2   자본주의에서 공산주의로의 이행

마르크스는 계속해서 다음과 같이 말하고 있다.

> 자본주의 사회와 공산주의 사회 사이에는 전자에서
> 후자로의 혁명적 전환의 시기가 놓여 있다. 이에 상응
> 하여 정치적 과도기가 있게 되는데, 이 시기의 국가는
> **프롤레타리아트의 혁명적 독재** 이외에 다른 어떤 것일
> 수 없다.

마르크스의 이러한 결론은 현대 자본주의 사회에서 프롤레타
리아트가 수행하는 역할에 대한 분석과 자본주의 사회의 발전
에 관한 자료, 그리고 프롤레타리아트와 부르주아지 사이의 화
해할 수 없는 적대적 이해관계에 관한 자료에 근거한다.

이전에는 다음과 같이 문제가 제기되었다. 프롤레타리아트
는 자신의 해방을 이루기 위해 부르주아지를 타파하고 정치권
력을 쟁취하고 혁명적 독재를 확립해야 한다.

그러나 지금은 문제가 다른 방식으로 제기된다. 즉 공산주
의를 향해 발전해가는 자본주의 사회로부터 공산주의 사회로
의 이행은 '정치적 과도기' 없이는 불가능하며 이 시기의 국가
는 오직 프롤레타리아트의 혁명적 독재일 수밖에 없다.

그러면 이러한 독재는 민주주의와 어떤 관계가 있는가?

우리는『공산당선언』에서 '프롤레타리아트의 지배계급으
로의 전화'와 '민주주의 쟁취'라는 두 가지 개념이 단순히 병렬

147

되어 있는 것을 보았다. 이제는 지금까지 서술한 모든 것을 기초로 자본주의에서 공산주의로 이행할 때 민주주의가 어떻게 변화할 것인가를 보다 정확하게 규정할 수 있다.

자본주의 사회에서는, 그것이 가장 순조롭게 발전한다고 할 때, 우리는 민주공화제에서 어느 정도 완전한 민주주의를 보게 된다. 그러나 이러한 민주주의는 언제나 자본주의적 착취에 의해 정해진 협소한 틀 안에 한정되어 있으며, 따라서 실제로는 언제나 소수를 위한, 유산계급만을 위한, 부자들만을 위한 민주주의일 뿐이다. 자본주의 사회에서 자유는 언제나 고대 그리스 공화국들에 있었던 자유, 즉 노예 소유자들을 위한 자유와 거의 같은 것이다. 현대의 임금노예들은 자본주의적 착취와 조건으로 인해 궁핍과 빈곤에 몹시 짓눌려 있기 때문에 '민주주의에 신경 쓸 여지도 없고' '정치에 신경 쓸 여지도 없으며', 따라서 모든 일이 통상적으로 평화롭게 진행될 때에는 주민의 다수가 공적 생활과 정치생활에서 배제되어 있다.

이 주장이 옳다는 것은 아마도 독일에서 가장 분명하게 확증될 것이다. 왜냐하면 바로 이 나라에서는 헌법에 기초한 합법성이 놀랄 만큼 오랫동안 견고하게 거의 반세기(1871~1914년) 동안이나 지속되었고 이 기간 동안 사회민주당은 다른 나라에 비해 훨씬 많이 '합법성을 이용'했으며 세계에서 유례를 찾아볼 수 없는 높은 비율로 노동자들을 당원으로 조직했기 때문이다.

그러면 여태껏 자본주의 사회에서 볼 수 없었던 최고의 비율이라는, 이 정치의식을 갖춘 활동적인 임금노예들의 비율은 얼마나 되는가? 1,500만 명의 임금노동자 가운데 사회민주당 당

148

원은 100만 명이다! 노동조합으로 조직된 자는 1,500만 명 가운데 300만 명이다!

극소수를 위한 민주주의, 부자들을 위한 민주주의, 바로 이것이 자본주의 사회의 민주주의이다. 자본주의적 민주주의의 기구를 보다 자세히 살펴보면, 우리는 어디서나, 즉 선거권의 '사소한', 아니 사소하다고 이야기되는 세부조항(거주 횟수에 의한 자격 제한, 여성 제외 등)만이 아니라 대표기관들의 기교에서, 집회권에 대한 실제적 방해에서(공공기관은 '빈민'을 위한 것이 아니다!), 일간 신문들의 순전히 자본주의적인 조직 및 그 밖에 우리의 눈길이 미치는 도처에서 민주주의에 대한 수많은 제한을 볼 수 있다. 가난한 자들에 대한 이러한 제한, 예외, 배제, 방해는 특히 가난을 직접 겪은 적이 전혀 없고 피억압계급의 삶을 가까이 접해본 적도 없는 자들(부르주아 정치 평론가나 정치가들은 100명에 99명까지는 아니더라도 열에 아홉은 이런 자들이다)의 눈에는 사소한 것으로 보인다. 그러나 이러한 제한 전체는 빈민을 정치로부터, 민주주의에 대한 적극적 참여로부터 제외하고 배제하는 것이다.

마르크스가 코뮌의 경험을 분석하면서 피억압자들에게는 억압계급의 어떠한 대표자가 의회에서 자신들을 대표하고 억압할 것인가를 결정하는 일이 몇 년에 한 번씩 허용된다고 말했을 때, 그는 자본주의적 민주주의의 이 같은 **본질**을 탁월하게 포착했던 것이다.

그러나 이 같은 자본주의적 민주주의 — 즉 협소할 수밖에 없고 빈자들을 슬며시 배제하며, 따라서 철두철미하게 위선적

149

이고 허위에 찬 민주주의 ― 로부터 벗어나 계속적으로 발전하는 것이, 흔히 자유주의적 교수들과 프티부르주아적 기회주의자들이 생각하듯 '더욱더 많은 민주주의로' 단순히 똑바로 평탄하게 진행되는 것은 아니다. 그렇지 않다. 계속적인 발전, 즉 공산주의로의 발전은 프롤레타리아독재를 거쳐가며, 그 외에는 결코 다른 길이 없다. 왜냐하면 프롤레타리아트 이외에 어느 누구에 의해서도 그리고 독재 이외의 다른 어떠한 방법에 의해서도 자본주의적 착취자들의 저항을 분쇄할 수 없기 때문이다.

그런데 프롤레타리아독재, 즉 억압자들을 억압하기 위해 피억압자들의 전위대를 지배계급으로 조직하는 것이 단순히 민주주의의 확장만 가져다줄 수는 없다. 프롤레타리아독재는 부자를 위한 민주주의가 아니라 **처음으로** 빈자를 위한 민주주의, 인민을 위한 민주주의가 되는 그런 민주주의를 엄청나게 확장시키면서 **동시에** 억압자, 착취자, 자본가의 자유에 대해 일련의 제한을 가한다. 우리는 인류를 임금노예제에서 해방하기 위해 그들을 억압해야 하고 폭력을 통해 그들의 저항을 분쇄하지 않을 수 없는데, 억압이 있고 폭력이 있는 곳에 자유가 없고 민주주의가 없으리라는 것은 분명하다.

독자들도 기억하겠지만, 엥겔스는 베벨에게 보낸 편지에서 "프롤레타리아트가 아직 국가를 필요로 하는 동안 그들은 자유를 위해서가 아니라 자기의 적들을 억압하기 위해서 그것을 필요로 하는 것이며, 자유에 관해 말할 수 있게 되자마자 곧 국가로서의 국가는 더는 존재하지 않게 될 것이다"라고 말함으로써 이 점을 탁월하게 표현했다.

150

인민의 절대다수를 위한 민주주의 그리고 인민의 착취자·억압자에 대한 폭력적 억압, 즉 그들을 민주주의로부터 배제하는 것, 바로 이것이 자본주의에서 공산주의로 넘어가는 **과도기**에 민주주의가 겪게 되는 변화이다.

자본가들의 저항이 완전히 분쇄되고 자본가들이 소멸하고 더는 어떠한 계급도 없는(즉 사회적 생산수단을 둘러싼 관계에서 사회성원들 사이에 전혀 차별이 없는) 공산주의 사회에 가서야 비로소, 그때에야 **비로소** "국가가 더는 존재하지 않게 되고 **자유에 관해 말할 수 있게 될 것이다**". 그때에야 비로소 참으로 완전하고 참으로 아무런 제외도 없는 민주주의가 가능해지고 실현될 것이다. 그리고 그때에야 비로소 자본주의적 노예제로부터, 자본주의적 착취의 무수한 참상, 야만성, 불합리, 추악으로부터 해방된 인간이 옛날부터 알려져왔고 수천 년에 걸쳐 모든 교훈서에서 반복된 사회적 공동생활의 기본 규칙들을 폭력 없이, 강제 없이, 복종 없이, 국가라는 **특별한** 강제 **기관 없이** 준수하는 데 점차 **습관이 된다**는 단순한 사실 때문에, 민주주의는 **사멸하기** 시작한다.

'국가는 **사멸한다**'라는 표현은 아주 잘 선택된 말이다. 왜냐하면 이 말은 그 과정의 점진적 성격뿐만 아니라 자연적 성격까지 나타내주기 때문이다. 오직 습관만이 이 같은 작용을 가져다줄 수 있고 또 틀림없이 가져다줄 것이다. 왜냐하면 만일 착취가 없다면, 그리고 사람들을 격분시키고 항의와 폭동을 유발하며 **억압**을 필요하게 만드는 그러한 것이 전혀 없다면, 우리는 사람들이 사회적 공동생활에 필요한 규칙들을 준수하는 데 얼

151

마나 쉽사리 익숙해지는가를 우리 주위에서 수도 없이 보고 있기 때문이다.

이와 같이 자본주의 사회에서는 삭감되고 빈약하고 허위에 찬 민주주의, 즉 부자들만을 위한, 소수만을 위한 민주주의가 존재할 뿐이다. 공산주의로 넘어가는 과도기인 프롤레타리아독재는 소수인 착취자들에 대해 필요한 억압을 하면서 동시에 처음으로 인민을 위한, 다수를 위한 민주주의를 제공할 것이다. 오직 공산주의만이 참으로 완전한 민주주의를 제공할 수 있다. 그리고 민주주의가 완전해질수록 그것은 그만큼 더 빨리 필요 없게 되고 저절로 소멸해버릴 것이다.

다시 말해 자본주의에서는 한 계급이 다른 계급을 억압하기 위한, 더군다나 소수가 다수를 억압하기 위한 특별한 기구인 본래 의미의 국가가 존재한다. 물론 착취자인 소수가 피착취자인 다수를 체계적으로 억압하는 것과 같은 일이 성공하려면 극도의 무자비함과 야수적 억압이 요구되며 또한 피바다가 요구된다. 인류는 노예제, 농노제, 임금노동의 상태하에서는 이러한 피바다를 헤치고 나아가야 한다.

다음으로, 자본주의에서 공산주의로 넘어가는 **과도기**에도 아직 억압이 필요하지만 그것은 이미 피착취자인 다수가 착취자인 소수를 억압하는 것이다. 억압을 위한 장치이자 특별한 기구인 '국가'는 **아직까지** 필요하지만 그것은 이미 과도적 국가로서 더는 본래 의미의 국가가 아니다. 왜냐하면 **어제의** 임금노예인 다수가 착취자인 소수를 억압하는 일은 이전에 비해 비교적 수월하고 단순하며 자연적이어서 노예, 농노, 임금노동자들

152

의 폭동을 진압하는 것보다 훨씬 적은 피를 요구할 것이고 인류에게 훨씬 적은 대가의 지불을 요구할 것이기 때문이다. 그리고 이 억압은 주민의 압도적 다수에게 민주주의를 확장하는 것과 병행하는 것이기 때문에 억압을 위한 **특별한 기구**의 필요성은 소멸되기 시작한다. 착취자들로서는 당연히 이러한 과제를 수행할 대단히 복잡한 기구 없이는 인민을 억압할 수 없다. 하지만 **인민**은 아주 단순한 '기구'를 가지고 또는 거의 그러한 '기구' 없이, 특별한 장치 없이도 **무장한 대중**의 단순한 **조직**(미리 말하자면, 노동자·병사·대의원 소비에트 같은 것)만을 가지고도 착취자들을 억압할 수 있다.

마지막으로, 오직 공산주의만이 국가를 완전히 불필요한 것으로 만든다. 왜냐하면 억압받아야 할 사람이 **아무도** ─ 계급의 의미에서 즉, 전체 주민 중 특정한 일부에 대한 체계적 투쟁이라는 의미에서 ─ 없기 때문이다. 우리는 결코 공상가가 아니며, 그런 만큼 **개별적 인간들의 위법행위**가 있을 수 있고 또 반드시 있으리라는 것, 따라서 **그러한 위법행위를 억압할 필요가 있**으리라는 것을 결코 부정하지 않는다. 그러나 첫째, 그것을 위해 특수한 기구나 특수한 억압 장치가 필요하지는 않다. 그것은 오늘날의 사회에서도 문명한 사람들끼리는 싸우는 사람들을 만류하거나 여자에게 폭력을 행사하지 못하게 하는 것이 언제나 간단하고 용이한 것처럼 무장한 인민 자신이 그렇게 간단하고 용이하게 수행해나갈 것이다. 그리고 둘째, 사회적 공동생활의 규칙들을 위반하게 되는 위법행위의 근본적인 사회적 원인은 대중에 대한 착취와 그들의 궁핍, 빈곤이다. 이 주된 원인을

153

국가 사멸의 경제적 기초

제거하면 위법행위는 필연적으로 '**사멸**'하기 시작할 것이다. 우리는 위법행위의 사멸이 얼마나 빨리 어떤 순서로 진행될지 알지 못하지만, 그것이 사멸하리라는 것만은 알고 있다. 위법행위가 사멸함에 따라 국가도 **사멸**할 것이다.

마르크스는 공상에 빠지지 않으면서 이러한 미래에 관해 **현재** 규정할 수 있는 것, 즉 공산주의 사회의 낮은 단계와 높은 단계 사이의 차이를 보다 상세히 규정했다.

3   공산주의 사회의 첫 단계

마르크스는 『고타강령 비판』에서 사회주의에서는 노동자들이 '노동 생산물을 완전히' 또는 '공제 없이' 받는다는 라살레의 생각을 상세히 반박하고 있다. 마르크스는 사회의 전체 생산물 중에서 준비 기금, 생산 확장 기금, '소모된' 기계의 보상 기금 및 그 밖의 기금들을 공제해야 하며 또 소비수단 중에서 관리비를 위한 기금과 학교, 병원, 양로원 등을 위한 기금 등을 공제해야 한다는 것을 지적하고 있다.

마르크스는 "노동 생산물을 완전히 노동자에게"라는 라살레의 모호하고 불분명한 일반적 문구 대신에 사회주의 사회가 어떻게 운영되어야 하는지를 냉철히 계산하고 있다. 마르크스는 자본주의가 사라진 사회의 생활조건을 **구체적으로** 분석하면서 다음과 같이 말한다.

154

우리가 여기서〔노동당의 강령을 분석하면서 — 지은이〕 다루고 있는 것은 그 자체의 기초 위에서 **발전한** 공산주의 사회가 아니라 반대로 자본주의 사회에서 방금 **나온** 공산주의 사회이다. 그러므로 이 공산주의 사회에는 모든 면에서, 즉 경제적·도덕적·정신적인 면에서 그 모태인 낡은 사회의 흔적이 아직 남아 있다.

마르크스는 자본주의의 태내에서 방금 나왔으며 모든 면에서 낡은 사회의 흔적이 남아 있는 공산주의 사회를 공산주의 사회의 '첫' 단계 또는 낮은 단계라고 부른다.

생산수단은 이미 개인의 사적 소유가 아니다. 생산수단은 사회 전체에 속한다. 사회의 각 구성원은 사회적 필요노동의 일정한 양을 수행하면서 사회로부터 그가 일정한 양의 노동을 제공했다는 증명서를 받는다. 그는 이 증명서를 가지고 사회의 소비재 보관 창고에서 그에 해당하는 양의 생산물을 받는다. 따라서 모든 노동자는 누구나 공동 기금을 위해 책정된 노동량을 공제하고 자기가 사회에 제공한 것만큼을 사회로부터 돌려받는다.

거의 '평등'이 지배하고 있다.

그러나 라살레는 이러한 사회제도(일반적으로는 사회주의라고 불리며, 마르크스는 공산주의의 첫 단계라고 부른)에 대해 그것이 '공정한 분배'이고 '동일한gleich 노동 생산물에 대한 각자의 평등한gleich 권리'라고 말함으로써 오류를 범하고 있는데, 마르크스는 라살레의 오류를 밝히며 다음과 같이 말하고 있다.

155

우리는 여기서 분명히 '평등한 권리'를 가지고 있다. 그러나 이것은 아직 '부르주아적 권리'로서, 다른 모든 권리와 마찬가지로 불평등을 전제하는 것이다. 모든 권리는 사실상 동일하지 않고 평등하지 않은 각기 다른ungleich 사람들에게 동일한gleich 척도를 적용하는 것이다. 그러므로 '평등한 권리'란 평등의 훼손이며 불공정이다. 실제로 각 개인은 다른 사람들과 동일한 양의 사회적 노동을 수행할 경우에 사회적 생산 중에서 동일한 몫을 (앞에서 언급한 것들을 공제하고) 받는다.

그러나 각 개인은 평등하지 않다. 더 건장한 사람이 있는 반면 더 허약한 사람도 있고, 결혼한 사람이 있는 반면 결혼하지 않은 사람도 있다. 자녀가 많은 사람도 있고 자녀가 적은 사람도 있다.

마르크스는 다음과 같이 결론을 내린다.

평등한 노동을 수행하고 따라서 사회적 소비기금에서 평등한 몫을 받는다 해도 어떤 사람은 다른 사람보다 실제로 더 많이 받고 더 부유해지는 등의 현상이 벌어진다. 이 모든 폐단을 피하려면 권리는 평등하지 않고 불평등해야 할 것이다.

따라서 공산주의의 첫 단계에서는 아직도 공정과 평등이 실현될 수 없다. 부의 차이, 그것도 불공정한 차이는 여전히 존재할

156

것이다. 그러나 인간에 의한 인간의 착취는 불가능할 것이다. 왜냐하면 생산수단, 즉 공장·기계·토지 등을 사적 소유화할 수 없을 것이기 때문이다. 마르크스는 '평등'이니 '공정' 일반이니 하는 라살레의 프티부르주아적이고 불분명한 문구를 반박하면서 공산주의 사회의 발전 과정을 제시하는데, 그에 따르면 공산주의 사회에서는 처음에는 단지 생산수단을 개인들이 점유한다는 '불공정'만 제거할 수밖에 없고, "수행한 노동량에 따라"(필요에 따라서가 아니라) 소비수단을 분배한다는 그 이상의 불공정까지 일거에 제거할 수는 없다.

부르주아 교수들과 '우리의' 투간－바라놉스키Tugan-Baranowski 을 포함한 속류 경제학자들은 사회주의자들이 사람들은 불평등하다는 것을 망각한 채 불평등을 제거하려고 '꿈꾸고 있다'면서 늘상 사회주의자들을 비난한다. 이 같은 비난은 보다시피부르주아 이데올로그 양반들의 극도의 무지를 보여줄 뿐이다.

마르크스는 사람들 사이의 불가피한 불평등을 가장 정확히 고려할 뿐만 아니라, 단순히 생산수단을 사회 전체의 공동소유로 이전하는 것(보통 쓰이는 말로 하면 '사회주의')만으로는 분배에서의 결함과 '부르주아적 권리'의 불평등을 제거하지 못하며 생산물이 '수행한 노동량에 따라' 분배되는 한 이 불평등이 계속 지배한다는 것도 고려하고 있다.

마르크스는 계속해서 다음과 같이 말한다.

> 그러나 이 같은 폐단은 오랜 진통 끝에 자본주의 사회에서 방금 나온 공산주의 사회의 첫 단계에서는 불가

157

피하다. 권리는 결코 사회의 경제구조와 이 경제구조
의 제약을 받는 문화 발전 수준보다 더 높을 수 없는
것이다.

이와 같이 공산주의 사회의 첫 단계(보통 사회주의라고 불리는)
에서 '부르주아적 권리'는 완전히 폐지되는 것이 **아니라** 단지 부
분적으로만, 이미 이룩한 경제적 변혁만큼만, 즉 생산수단에 대
해서만 폐지되는 것이다. '부르주아적 권리'는 생산수단에 대한
개인들의 사적 소유를 인정하지만, 사회주의는 생산수단을 **공
동 소유**로 만든다. **그만큼**, 단지 그만큼만 '부르주아적 권리'가
사라지는 것이다.

　　그러나 '부르주아적 권리'는 다른 부분에서는 여전히 남게
된다. 즉 사회 성원들 사이에 생산물과 노동을 분배하는 조정
자(결정적 요소)로서 남아 있게 된다. '일하지 않는 자는 먹지도
말라'라는 사회주의 원칙은 이미 실현되었다. '동일한 양의 노동
에는 동일한 양의 생산물을'이라는 사회주의 원칙도 **이미 실현**
되었다. 그러나 이것은 아직 공산주의가 아니며 또한 평등하지
않은 사람들의 평등하지 않은(사실상 불평등한) 노동량에 대해
평등한 양의 생산물을 주는 '부르주아적 권리'를 아직 제거하지
못하고 있다.

　　마르크스는 말한다. 이것은 '폐단'이다. 그러나 이러한 '폐
단'은 공산주의의 첫 단계에서는 불가피하다. 왜냐하면 자본주
의를 전복하자마자 사람들이 그 즉시 **권리에 대한 아무런 기준도
없이** 사회를 위해 노동하는 것을 배우게 되리라는 공상에 빠지

지 않고는 생각할 수 없기 때문이며, 더욱이 자본주의가 폐지된다고 해서 그 즉시 그 같은 변화에 필요한 경제적 조건이 주어지는 것은 아니기 때문이다.

그러나 '부르주아적 권리' 이외의 다른 기준은 없다. 그런 만큼 생산수단에 대한 사회적 소유를 수호하면서 노동에서의 평등과 생산물 분배상의 평등을 수호해야 할 국가는 아직 존속할 필요가 있다.

더는 자본가도 없고, 계급들도 없고, 따라서 **억압**해야 할 **계급**도 없게 되면 국가는 사멸한다.

그러나 사실상의 불평등을 승인하는 '부르주아적 권리'가 여전히 보호되고 있으므로 국가는 아직 완전히 사멸한 것이 아니다. 국가가 완전히 사멸하기 위해서는 완전한 공산주의가 필요하다.

4   공산주의 사회의 높은 단계

마르크스는 다음과 같이 이어간다.

개인들이 노예처럼 분업에 종속되는 상태가 사라지고 이와 함께 정신노동과 육체노동 사이의 대립이 사라진 후에야, 노동이 생활을 위한 수단일 뿐만 아니라 그 자체가 생활의 제1차적 요구가 된 후에야, 개인들의 전면적 발전과 더불어 생산력도 증가하고 협동적

159

부가 모든 원천에서 넘쳐 흐르게 된 후에야, 즉 공산주의 사회의 높은 단계에 이르러서야 비로소 부르주아적 권리의 협소한 한계가 완전히 극복되고 사회는 자기 깃발에 "누구나 능력에 따라, 누구에게나 필요에 따라!"라고 쓸 수 있게 될 것이다.

우리는 '자유'라는 말과 '국가'라는 말을 연결시키는 것이 어리석은 짓임을 가차없이 조소한 엥겔스의 주장이 전적으로 옳다고 이제야 비로소 평가할 수 있다. 국가가 있는 한 자유는 없다. 자유가 있게 될 때 국가는 존재하지 않게 될 것이다.

국가의 완전한 사멸의 경제적 기초는 정신노동과 육체노동의 대립이 사라져 오늘날 **사회적** 불평등의 가장 중요한 원천 중 하나가 사라지게 될 높은 단계의 공산주의이다. 하지만 단순히 생산수단을 공동 소유로 이전하고 단순히 자본가를 수탈하는 것만으로는 이 원천을 결코 단번에 제거할 수 없다.

이 수탈 덕택에 생산력은 엄청나게 발전할 **수 있을 것이다.** 오늘날 이미 자본주의가 생산력의 발전을 상상도 할 수 없을 만큼 **억누르고** 있으며 이미 이룩한 현재의 기술을 토대로 하여 거대한 진보가 가능하리라는 것을 알고 있는 우리는 자본가들을 수탈하는 것이 필연적으로 인간 사회의 생산력을 엄청나게 발전시킬 것임을 충분한 확신을 가지고 말할 수 있다. 그러나 우리는 이 발전이 얼마나 빨리 진행될지, 그것이 얼마나 빨리 분업을 폐지하고 정신노동과 육체노동 사이의 대립을 제거하며 노동을 '생활의 제1차적 요구'로 전환시키는 데까지 이를지 알

160

지 못하며 알 수도 없다.

그러므로 우리는 단지 국가의 사멸이 불가피하다는 데 대해서만 말할 뿐이다. 우리는 국가의 사멸 과정이 오래 걸리며 공산주의의 높은 단계의 발전 속도에 달려 있다는 것만을 강조하고, 사멸의 시기나 구체적 형태의 문제는 완전히 미해결로 남겨둔다. 왜냐하면 우리에게는 이러한 문제를 해결하는 데 필요한 자료가 없기 때문이다.

사회가 '누구나 능력에 따라, 누구에게나 필요에 따라'라는 원칙을 실현하게 될 때, 즉 사람들이 사회적 공동생활의 기본규칙을 지키는 데 익숙해지고 자기의 능력에 따라 자발적으로 일할 정도로 그들의 노동이 생산적이 될 때에야 비로소 국가는 완전히 사멸할 수 있을 것이다. 그때가 되어서야 "부르주아적 권리의 협소한 한계", 즉 다른 사람보다 반시간이라도 덜 일하고 다른 사람보다 더 많이 받으려고 샤일록처럼 냉혹하게 계산하게 만드는 저 협소한 한계가 극복될 것이다. 그리고 그때가 비로소 각자가 받을 생산물의 양에 대한 사회의 생산물 분배 기준이 필요 없어져 누구나 '필요에 따라' 자유로이 갖게 될 것이다.

부르주아적 관점에서는 이 같은 사회구조를 '순전한 공상'이라면서 사회주의자들은 각 시민의 노동에 대한 아무런 통제도 없이 사회로부터 초콜릿, 자동차, 피아노 및 그 밖의 것들을 얼마든지 받을 권리를 누구에게나 약속한다고 냉소를 보이기 쉽다. 오늘날에도 부르주아 '학자'들의 대다수는 이 같은 냉소를 일삼고 있는데, 이는 단지 그들의 무지와 이기적인 자본주의 옹호를 폭로해줄 뿐이다.

161

그것은 무지이다. 왜냐하면 어떠한 사회주의자도 공산주의 발전의 높은 단계가 온다는 "약속"을 해주겠다는 생각을 한 적이 없기 때문이고, 또한 높은 단계가 올 것이라는 위대한 사회주의자들의 예견은 그때는 노동생산성이 지금과 다르고 인간도 포먈롭스키Pomjalowski의 소설[39]에 나오는 신학생처럼 사회적 부富의 창고를 '쓸데없이' 훼손하거나 불가능한 것을 요구할 줄만 아는 오늘날의 속물과는 다르다는 것을 전제하기 때문이다.

사회주의자들은 공산주의의 '높은' 단계가 올 때까지는 노동의 기준과 소비의 기준을 사회와 국가가 극히 엄격하게 통제할 것을 요구한다. 그러나 그 같은 통제는 반드시 자본가에 대한 수탈과 자본가에 대한 노동자의 통제로부터 시작해야 하며, 관료국가가 아니라 무장한 노동자들의 국가에 의해 실시되어야만 한다.

부르주아 이데올로그들(과 체레텔리, 체르노프 씨 및 그 일파와 추종자들)의 이기적인 자본주의 옹호의 기반은 그들이 자본가들을 수탈하는 문제와 모든 시민을 하나의 거대한 '신디케이트', 즉 국가 전체의 노동자와 고용인으로 전화시키는 문제와 이 신디케이트 전체의 모든 사업을 진정한 민주주의 국가인 노동자·병사·대의원 소비에트 국가에 완전히 종속시키는 문제 등 오늘날의 매우 중요하고 시급한 정치문제를 먼 장래에 대한 공론과 잡담으로 바꾸어놓는 바로 거기에 있다.

"박학다식하신" 교수께서, 그 뒤를 따라 속물이 그리고 또

---

39   레닌은 러시아의 문필가인 포먈롭스키의 작품 『신학교 소묘』에 의거하고 있다.

그 뒤를 따라 체레텔리와 체르노프 일파가 얼토당토않은 공상이라느니 볼셰비키의 거짓 약속이라느니 사회주의의 '도입'은 불가능하다느니 하고 말할 때, 그들이 염두에 두고 있는 것은 본질적으로 공산주의의 높은 시기 또는 높은 단계이다. 그러나 어느 누구도 공산주의의 높은 시기 또는 높은 단계를 "도입하겠다"라고 약속한 일이 없을 뿐만 아니라 사실 그런 생각조차 한 적이 없다. 왜냐하면 그것은 결코 '도입'할 수가 없는 것이기 때문이다.

우리는 여기서 사회주의와 공산주의의 과학적 차이에 관한 문제에 이르게 되었는데, 이 문제는 앞서 엥겔스가 '사회민주주의자'라는 명칭의 부당성을 논의하면서 이미 언급한 바 있다. 정치적으로는 공산주의의 첫 단계 또는 낮은 단계와 높은 단계의 차이는 시간이 지남에 따라 아마 엄청나게 커지겠지만, 현재의 자본주의하에서 그 차이를 강조하는 것은 우스운 일이며 또 그것을 전면에 내세울만한 자들은 기껏해야 일부 무정부주의자들뿐일 것이다(만일 크로포트킨Kropotkin, 그라브Grave, 코르넬리센 Cornelissen 및 그 밖의 무정부주의의 "스타"들이 "플레하노프식"으로 사회배외주의자로 혹은 ― 아직까지 명예와 양심이 있는 몇 안 되는 무정부주의자들 중 한 사람인 게Ge의 표현을 빌리자면 ― 참호 무정부주의자Schutzengraben-Anarchist로 전향한 후에도 거기서 아무런 교훈을 얻지 못한 자들이 무정부주의자들 중에 남아 있다고 한다면).

그러나 사회주의와 공산주의의 과학적 차이는 명백하다. 일반적으로 사회주의라고 부르는 것을 마르크스는 공산주의

163

사회의 '첫' 단계 또는 낮은 단계라고 불렀다. 이 단계에서는 생산수단이 **공동** 소유로 되어 있으므로 만일 이것이 **결코** 완전한 공산주의가 **아니라**는 것만 잊지 않는다면 이 단계에 대해서도 '공산주의'라는 말을 쓸 수 있다. 마르크스의 설명이 지닌 위대한 의의는 그가 여기에서도 유물론적 변증법, 즉 발전 이론을 일관되게 적용하여 공산주의를 자본주의에서 발전해나가는 것으로 보고 있다는 것이다. 마르크스는 스콜라철학적 망상에 의해 '꾸며낸' 정의와 용어를 둘러싼 비생산적 논쟁(사회주의란 무엇인가, 공산주의란 무엇인가) 대신에 공산주의의 경제적 성숙 단계들이라고 할 수 있는 것을 분석한다.

공산주의는 그 첫 단계, 즉 첫 시기에는 아직 경제적으로 완전히 성숙된 것일 수 **없으며** 자본주의의 전통이나 흔적에서 완전히 벗어난 것일 수 없다. 공산주의의 첫 단계에서 '**부르주아적 권리의 협소한 한계**'가 존속하는 것과 같은 흥미로운 현상은 이로부터 생기는 것이다. 소비재 분배라는 측면에서 부르주아적 권리는 당연히 **부르주아적 국가**의 존재를 전제할 수밖에 없다. 왜냐하면 권리의 기준을 지키도록 강제할 장치가 없다면 권리란 아무것도 아니기 때문이다.

그러므로 공산주의하에서는 부르주아적 권리만이 아니라 심지어 부르주아지 없는 부르주아적 국가까지 일정 기간 동안 남아 있게 된다!

이것은 역설이나 단순히 변증법적 사고 유희 ─ 마르크스주의의 매우 심오한 내용을 연구하려고 조금도 노력하지 않는 사람들은 마르크스주의를 흔히 이렇게 비난한다 ─ 로 보일지

164

모른다.

그러나 실제로는 자연과 사회 모두에서 생활은 새것 속에 남아 있는 낡은 것의 잔재를 걸음걸음 우리에게 보여준다. 그리고 마르크스는 '부르주아적' 권리의 한 조각을 자의로 공산주의에 집어넣은 것이 아니라 **자본주의의 태내에서 나오는** 사회에 경제적·정치적으로 불가피하게 존재하게 될 것으로 포착한 것이다.

민주주의는 자본가에 반대하는 노동계급의 해방투쟁에서 매우 커다란 의미를 갖는다. 그러나 민주주의는 결코 뛰어넘을 수 없는 한계가 아니라 봉건제에서 자본주의로, 자본주의에서 공산주의로 나아가는 과정에 있는 여러 단계 중 하나일 뿐이다.

민주주의는 평등을 의미한다. 평등을 **계급** 폐지라는 의미로 올바르게 이해한다면, 평등 및 그 구호를 위한 프롤레타리아트의 투쟁이 얼마나 중대한 의의를 갖는지 잘 알 수 있다. 그러나 민주주의는 단지 **형식적** 평등만을 의미할 뿐이다. 그리하여 생산수단 소유와 **관련해** 사회의 모든 성원의 평등 즉 노동 평등, 임금 평등이 실현되자마자 곧 인류 앞에는 형식적 평등에서 실제적 평등으로, 즉 "누구나 능력에 따라, 누구에게나 필요에 따라"라는 원칙의 실현으로 전진하는 문제가 필연적으로 등장하게 된다. 인류가 어떤 단계를 거치고 어떤 실제적 조치를 취해 이보다 높은 목표에 도달하게 될지 우리는 알지 못하며 또 알 수도 없다. 그러나 중요한 점은 사회주의가 죽은 것, 경직된 것이고 영원히 고정된 것이라는, 흔히 볼 수 있는 부르주아적 관념이 얼마나 터무니없는 거짓인가를 분명히 인식하는 일이다.

국가 사멸의 경제적 기초

실제로는 오직 사회주의에서만 **비로소** 주민 **다수**의 참여하에, 그리고 나중에는 전체 인민의 참여하에 공적·사적 생활의 모든 영역에서 대중의 신속하고 실제적이며 진정한 전진운동이 시작된다.

  민주주의는 국가형태이며 국가의 변종들 중 하나이다. 따라서 그것은 다른 모든 국가와 마찬가지로 사람들에 대해 조직적·체계적 폭력을 사용하는 것이다. 그러나 이는 그 일면일 뿐이다. 다른 면에서 민주주의는 시민들 사이의 평등, 즉 국가구조 결정과 국가 관리에서 모든 사람의 평등한 권리에 대한 형식적 인정을 의미한다. 그런데 이것은 민주주의가 특정한 발전 단계에서는 무엇보다도 먼저 자본주의에 반대하는 혁명적 계급인 프롤레타리아트를 결속시키며 그들에게 상비군과 경찰과 관료제라는 부르주아 국가기구 — 설사 부르주아 공화주의적 국가기구라 해도 — 를 타도·분쇄하여 지구상에서 절멸시키고 그 대신 여전히 국가기구이기는 하지만 **좀더 민주주의적인** 국가기구를, 즉 무장한 노동자 대중이 모든 인민을 포함하는 민병대를 형성하는 식의 국가기구를 수립할 가능성을 준다는 것과 연결되어 있다.

  여기서는 '양이 질로 전화한다'. 즉 민주주의의 **이 같은** 단계는 부르주아사회의 한계를 깨뜨리고 그것을 사회주의적으로 개조하기 시작하는 일과 연결된다. 만일 실제로 **모든** 사람이 국가 관리에 참여한다면 자본주의가 더는 지속될 수 없다. 그런데 자본주의 발전은 그 자체가 '모든 사람'이 국가 관리에 실제로 참여할 수 있도록 하는 **전제조건들**을 만들어낸다. 이 같은 전제조

166

건에 속하는 것은 가장 선진적인 자본주의 국가들에서 이미 실시된 바와 같이 완전한 보통교육이며, 또한 우편, 철도, 대공장, 대상업, 은행업 등의 거대하고 복잡하고 사회화된 기관에 의한 수백만 노동자들의 '교육과 훈련' 등이다.

이 같은 **경제적** 전제조건에서는 자본가와 관리를 타도한 후 생산과 분배를 **통제**하고 노동과 생산물을 **계산**하는 일에서 그들을 무장한 노동자, 무장한 전체 인민으로 대체하는 단계로 즉시, 일조일석에 충분히 넘어갈 수 있다(통제와 계산에 대한 문제를 과학적 교육을 받은 기술자와 농학자 및 그 밖의 인원에 대한 문제와 혼동해서는 안된다. 이 양반들은 오늘은 자본가들에게 복종하면서 일하지만, 내일은 무장한 노동자들에게 복종하면서 훨씬 더 잘 일할 것이다).

계산과 통제 — 바로 이것이 공산주의 사회 **첫** 단계의 '원활한 작동'과 올바른 기능 수행을 위해 필요한 **가장 중요한** 것이다. 여기서는 모든 시민이 무장한 노동자들로 이루어진 국가의 피고용인이 된다. **모든** 시민은 전체 인민을 포괄하는 하나의 국가 '신디케이트'의 피고용인과 노동자가 된다. 문제는 그들 모두가 노동의 기준을 정확하게 지키며 평등하게 노동하고 평등하게 보수를 받도록 하는 것이다. 이에 필요한 계산과 통제는 자본주의에 의해 극도로 **단순해졌다**. 즉 감독과 기록, 기본적인 사칙연산, 해당되는 영수증 발급 등과 같이 읽고 쓸 줄 아는 사람이면 누구나 할 수 있는 극히 단순한 사무가 되었다.[40]

40 국가의 기능 가운데 가장 본질적인 부분이 이처럼 노동자 자신의 계산과 통제로 귀착하면 그때 국가는 더는 '정치적 국가'가 아니며 '공적 기능은 정치적인

167

인민의 **다수**가 어디서나 독립적으로 이 같은 계산을 하고 이제는 피고용인이 된 자본가들과 자본주의적 악습을 보유한 지식인계급에 대해 이 같은 통제를 시작할 때 이 통제는 정말로 보편적이고 일반적이며 전 인민적인 것이 될 것이고, 그 누구도 그 통제에서 결코 벗어날 수 없을 것이며 "아무 데도 숨을 데가 없게 될 것이다".

사회 전체는 평등하게 노동하고 평등하게 임금을 받는 하나의 사무실, 하나의 공장이 될 것이다.

그러나 자본가들을 타도하고 착취자들을 제거한 후 프롤레타리아트가 사회 전체에 보급하게 될 이 '공장적' 규율은 결코 우리의 이상이나 최종 목표가 아니며, 단지 사회에서 비열하고 추악한 자본주의적 착취행위를 근본적으로 일소하고 그리하여 **한층** 전진하기 위해 필요한 하나의 **단계**일 뿐이다.

사회의 전체 성원 또는 적어도 그 대다수가 **스스로** 국가를 관리할 줄 알게 되고 스스로 이 일을 자기의 수중에 틀어쥐고 보잘것없는 소수인 자본가와 자본주의적 악습을 보존하려고 하는 신사들 및 자본주의 때문에 몹시 타락한 노동자들에 대한 통제를 '수립하게 되는' 그 순간부터, 모든 관리는 그 필요가 없어지기 시작한다. 민주주의가 완전해지면 완전해질수록 그것이 필요 없게 되는 순간이 점점 더 가까워진다. 무장한 노동자들로 이루어지며 '이미 더는 본래 의미의 국가가 아닌' '국가'가 민주주의화되면 될수록 **모든** 국가는 더욱더 급속히 사멸하기 시작

것에서 단순한 관리적인 것으로 전화한다'(제4장 2절에 있는 엥겔스와 무정부주의자들 사이의 논쟁을 보라) — 지은이.

할 것이다.

왜냐하면 **모든** 사람이 독립적으로 관리하는 법을 배우고 실제로 사회적 생산을 관리하게 되며 독립적으로 계산하고 건달, 귀공자, 사기꾼 및 이와 비슷한 '자본주의적 악습의 보유자들'에 대한 통제를 독립적으로 실시하게 되면, 전 인민에 의해 실시되는 이 같은 계산과 통제를 피한다는 것은 상상할 수도 없을 만큼 어렵고 극히 드문 예외가 될 것이 틀림없으며 또 신속하고도 엄중한 처벌이 반드시 뒤따를 것이므로(왜냐하면 무장한 노동자들은 실천적 인간들이지 결코 감상적 인텔리들이 아니며, 따라서 자신들에 대한 무시를 결코 용인하지 않을 것이기 때문이다) 인간의 온갖 공동생활의 간단하고 기본적인 규칙들을 준수할 **필요성**은 아주 빨리 **체화**될 것이기 때문이다.

그때가 되면 공산주의 사회가 첫 단계에서 높은 단계로 이행하면서 국가의 완전한 사멸로 향하는 문이 활짝 열릴 것이다.

169

제6장
기회주의자들에 의한 마르크스주의의
속류화

사회혁명에 대한 국가의 관계와 국가에 대한 사회혁명의 관계 문제는 일반적으로 혁명의 문제와 마찬가지로 제2인터내셔널(1889~1914년)의 가장 저명한 이론가와 정치평론가 들의 관심을 거의 끌지 못했다. 그런데 1914년 제2인터내셔널을 붕괴에 이르게 한 기회주의의 점진적 성장 과정에서 가장 특징적인 점은 이 문제에 정면으로 직면하게 됐을 때조차 그들은 이 문제를 회피하려 했거나 간과했다는 사실이다.

일반적으로 말할 수 있는 것은 국가와 사회주의혁명의 관계 문제에 대한 회피 — 기회주의에 유리하고 또 기회주의를 길러낸 그 회피 — 에서 마르크스주의에 대한 왜곡과 완전한 속류화가 생겨났다는 것이다.

이 참담한 과정을 간략하게나마 특징짓기 위해 마르크스주의의 가장 유명한 이론가들인 플레하노프와 카우츠키를 살펴보자.

1 　 무정부주의자들과 플레하노프의 논쟁

플레하노프는 1894년 독일어로 출판된 『무정부주의와 사회주의』*Anarchismus und Sozialismus*라는 특별한 소책자에서 무정부주의와 사회주의의 관계 문제를 다루었다.

이 주제를 다루면서 플레하노프는 무정부주의와의 투쟁에서 가장 절실하고 시급하면서 정치적으로 가장 본질적인 문제, 즉 국가에 대한 혁명의 관계와 국가 일반에 관한 문제를 어떻게

173

든 회피해보려고 안간힘을 썼다! 그의 소책자에서는 두 부분이 두드러지는데, 그중 하나는 슈티르너Stirner와 프루동 및 그 밖의 인물들의 사상사에 관한 귀중한 자료가 포함된 역사적 · 문헌적 부분이고 다른 한 부분은 무정부주의자는 강도와 다를 바 없다는 진부한 논의가 담긴 속악俗惡한 부분이다.

각각의 주제를 이처럼 매우 기묘하게 결합한 것은 러시아 혁명 전야와 혁명 기간 동안 플레하노프가 보인 모든 행동에서 지극히 특징적인 것이다. 실제로 플레하노프는 1905년에서 1917년까지의 시기에 정치적으로 부르주아지의 꽁무니를 뒤쫓은 반半공론가, 반半속물임을 스스로 드러냈다.

우리는 앞에서 마르크스와 엥겔스가 무정부주의자들과 논쟁하면서 국가와 혁명의 관계에 대한 자신들의 견해를 얼마나 상세하게 설명했는가를 살펴보았다. 엥겔스는 1891년 마르크스의『고타강령 비판』을 출판하면서, "(제1)인터내셔널 헤이그대회[41] 이후 2년이 지나지 않은 그때에 우리는"(즉 엥겔스와 마르크스는) "바쿠닌 및 그 일파의 무정부주의자들과 가장 격렬한 투쟁을 벌이고 있었다"[42]라고 썼다.

무정부주의자들은 파리코뮌이 자신들의 학설을 확증하는

---

41 제1인터내셔널 헤이그 대회는 1872년 9월 2일부터 7일까지 열렸다. 마르크스와 엥겔스는 이 대회를 준비하고 지도하는 과정에서 폭넓은 활동을 수행했다. 이 대회의 결의가 채택된 것은 프롤레타리아 당들의 창립을 위한 투쟁에서 노동계급에 적대적인 모든 분자, 특히 바쿠닌주의자들에 대한 마르크스주의의 중대한 승리를 의미하는 것이었다. 바쿠닌주의자들의 지도자인 바쿠닌과 컬라움J. Guillaume은 국제노동자연합에서 제명되었다.

42 MEW, 제22권, p. 91.

것, 말하자면 '자신들의 것'이라고 주장하고자 했지만, 그들은 코뮌의 교훈 및 그에 대한 마르크스의 분석을 전혀 이해하지 못했다. 무정부주의는 낡은 국가기구를 **파괴해야** 하는가, 그리고 그것을 **무엇으로** 대체할 것인가 하는 구체적·정치적 문제들에 대해서는 아무것도, 대충 진리와 비슷한 것조차 제공하지 못했다.

그런데 국가와 관련된 모든 문제를 회피하고 코뮌 이전과 이후의 마르크스주의의 모든 발전을 간과하면서 『무정부주의와 사회주의』에 대해 말한다는 것은 필연적으로 기회주의로 전락한다는 의미였다. 왜냐하면 기회주의에 무엇보다도 필요한 것이 방금 우리가 지적한 두 가지 문제가 전혀 제기되지 않는 것이기 때문이다. 그것은 이미 기회주의의 승리인 것이다.

2   기회주의자들과 카우츠키의 논쟁

카우츠키의 저작들이 다른 어느 나라 말보다도 러시아어로 훨씬 많이 번역되었다는 것은 의심할 여지가 없는 사실이다. 많은 독일 사회민주주의자들이 농담 삼아 독일보다 러시아에서 카우츠키의 저서를 더 많이 읽는다고 말하는 것은 전혀 근거 없는 말이 아니다(말이 나왔으니 말이지, 이 농담에는 농담한 사람들이 생각하는 것보다도 훨씬 깊은 역사적 의미가 담겨 있다. 즉 1905년 러시아 노동자들은 세계에서 가장 훌륭한 사회민주주의적 저술들 가운데 최고의 저작들에 대한 진정한 갈망을 갖고 있었고 다른 나라들에서는 찾아볼 수 없을 정도로 많이 그 저작들의 번역본과 출판물을 제공받았으며, 그리하여 좀더 선진적인 이웃 나라의 다양한 경험을 우리나라 프롤레타리아운동의 어느 정도 젊은 지반 위에 가속적으로 옮겨놓았다).

카우츠키는 마르크스주의에 대한 통속적 서술 이외에 기회주의자들 및 그들의 우두머리인 베른슈타인과의 논쟁을 통해 우리나라에 특히 잘 알려졌다. 그러나 1914~1915년의 가장 큰 위기의 시기에 카우츠키가 얼마나 믿을 수 없을 만큼 불명예스러운 혼란과 사회배외주의에 대한 옹호로 빠져들어갔는지 추적하는 것을 과제로 삼을 경우 빼놓을 수 없는 사실이 하나 있는데, 이는 거의 알려져 있지 않다. 그 사실이란 다름 아니라 카우츠키가 프랑스와 독일의 기회주의의 가장 유명한 대표자들―프랑스에서는 밀랑Millerand과 조레스Jaurés, 독일에서는 베른슈타인―에 반대하고 나서기 바로 전에 아주 심한 동요를 보였다는 것이다. 1901~1902년에 슈투트가르트에서 발행되어 혁명적 프롤레타리아의 견해를 대변했던 마르크스주의 잡지『여명』Sarja은 카우츠키와 논쟁에 돌입하지 않을 수 없었고, 그가 1900년 파리 국제 사회주의자 대회[43]에서 제안한 기회주의자들에 대한 어중간하고 애매하고 유화적인 결정을 '고무줄 같은' 결정이라고 부르지 않을 수 없었다. 이 잡지에는 이때 카우츠키가 베른슈타인에 반대하는 결정에 나서기 바로 전 못지않게 동요

---

43 1900년 9월 23일부터 27일까지 파리에서 열린 제2인터내셔널 제5차 국제 사회주의자 대회를 가리킨다. 국가권력 쟁취와 부르주아 당과의 연합이라는 주요 문제에서 이 대회는 부르주아 정부에 사회주의자가 참여할 것인가 여부는 경우에 따라 결정되어야 한다는 카우츠키의 무원칙한―레닌에 의해 언급된―결의를 채택했다.

했음을 보여주는 서한들이 게재되었다.

그러나 비할 데 없이 더 큰 의의를 지니는 것은 지금 우리가 마르크스주의에 대한 카우츠키의 최근의 변절의 **역사**를 연구하면서 기회주의자들과 벌인 그의 논쟁 자체에서, 그의 문제 설정에서, 그가 문제를 다루는 방법에서 국가 문제를 둘러싸고 그가 보여준 기회주의로의 체계적 편향을 발견할 수 있다는 사실이다.

카우츠키가 기회주의에 반대하여 쓴 최초의 주요 저작『베른슈타인과 사회민주주의 강령』*Bernstein und das Sozialdemokratische Programm*이라는 책을 살펴보자. 이 책에서 카우츠키는 베른슈타인을 상세히 논박하는데, 다음과 같은 점이 특징적이다.

베른슈타인은 지나친 명예욕의 산물로 유명해진 자신의 저서『사회주의의 전제조건과 사회민주당의 임무』에서 마르크스주의를 '블랑키주의'라고 비난했다(그후 러시아에서는 기회주의자들과 자유주의적 부르주아들이 혁명적 마르크스주의의 대표자들인 볼셰비키들에 대해 이러한 비난을 수천 번이나 되풀이했다). 이때 베른슈타인은 특히 마르크스의『프랑스 내전』을 들어 코뮌의 교훈에 대한 마르크스의 견해를 프루동의 견해와 동일시하려고 ― 우리가 본 바와 같이 대단히 졸렬하게 ― 시도하였다. 베른슈타인이 특별히 주목한 것은 1872년판『공산당선언』서문에서 마르크스가 강조한 결론, 즉 "노동자계급은 기존의 국가기구를 단순히 장악하여 그것을 자신의 목적을 위해 운영할 수는 없다"라고 한 말이다.

베른슈타인은 이 말이 너무나도 "마음에 들었던 나머지"

기회주의자들에 의한 마르크스주의의 속류화

그것을 완전히 왜곡된 기회주의적 의미로 해석하면서 자기의
책에서 세 번이나 반복했다.

원래 마르크스는 우리가 이미 본 바와 같이 노동자계급은
국가기구 전체를 **파괴, 분쇄, 폭파** Sprengung (이것은 엥겔스가 사용
한 표현이다)하지 않으면 안 된다는 점을 말하려고 한 것이었다.
그런데 베른슈타인의 저서에는 마르크스가 권력을 장악할 때의
지나친 혁명적 열정에 **반대**해 이런 말로 노동자계급에게 경고
한 것처럼 되어 있다.

마르크스의 사상에 대한 이보다 더 조잡하고 추악한 왜곡
은 상상도 할 수 없다.

그러면 카우츠키는 베른슈타인주의에 대한 극히 상세한
논박을 도대체 어떤 방식으로 수행했는가?

그는 기회주의에 의한 마르크스주의의 왜곡을 낱낱이 분
석하기를 회피하였다. 그는 마르크스의 저서 『프랑스 내전』에
대한 엥겔스의 서문 가운데 앞에서 인용한 바 있는 구절을 끌어
내서는 마르크스에 의하면 노동자계급은 **기존의 국가기구를 단
순히** 장악할 수는 없지만 일반적으로는 장악할 수 있다고 말하
고 있다. 그는 단지 이렇게 말했을 뿐이다. 카우츠키는 베른슈
타인이 마르크스의 실제 생각과는 **정반대되는 것**을 마르크스에
게 덮어씌웠다는 것과 1852년 이후에 마르크스가 국가기구의
'파괴'를 사회주의혁명의 과제로 내세웠다는 것에 대해서는 단
한마디도 언급하지 않고 있다.

그 결과 카우츠키는 사회주의혁명의 과제와 관련해 마르
크스주의와 기회주의 사이에 존재하는 가장 본질적인 차이를

178

간과하고 말았다!

카우츠키는 베른슈타인에 '반대하여' 다음과 같이 썼다.

우리는 프롤레타리아독재 문제의 해결은 아주 안심하고 미래로 넘길 수 있을 것이다.(독일어판, 172쪽)

이것은 결코 베른슈타인에 **반대**하는 논쟁이 아니라 사실상 그에 대한 **양보**이며 기회주의에 대한 항복이다. 왜냐하면 기회주의자들에게 그 무엇보다도 먼저 필요한 것은 바로 사회주의혁명의 과제와 관련된 모든 근본적 문제를 "아주 안심하고 미래로 넘기는 것"이기 때문이다.

마르크스와 엥겔스는 1852년에서 1891년에 이르는 40년 동안 프롤레타리아트에게 프롤레타리아트는 국가기구를 파괴하지 않으면 안 된다고 가르쳐왔다. 그런데 1899년 카우츠키는 기회주의자들이 이 점에서 마르크스주의를 완전히 배신한 것을 보고서도 이 기구를 파괴할 필요가 있는가 없는가 하는 문제를 파괴의 구체적 형식에 관한 문제로 슬쩍 **바꿔치기**하고는 우리가 그 구체적 형식을 미리 알 수는 없다는 식으로 "논의의 여지가 없는"(그리고 쓸데없는) 속물적 진리의 처마 밑으로 도피해버린다!!

노동자계급을 혁명에 나서도록 준비시키는 프롤레타리아당의 임무에 대한 태도에서 마르크스와 카우츠키 사이에는 깊은 골이 가로놓여 있는 것이다.

마찬가지로 대부분이 기회주의의 오류를 논박하는 데 할

179

애되고 있는 카우츠키의 한층 성숙된 그다음 저서를 살펴보자. 그것은 『사회혁명』*Die soziale Revolution*이라는 제목의 소책자다. 그는 이 소책자에서 특히 '사회주의혁명'과 '프롤레타리아 정권'의 문제를 주제로 다룬다. 여기서 저자는 특별히 가치 있는 생각을 대단히 많이 제공하지만 국가에 관한 문제만은 **회피했다**. 이 소책자에는 도처에 국가권력 획득에 관한 언급이 있으나 단지 그뿐이고 그 이상의 언급은 없다. 이는 곧 국가기구 파괴 없이 권력을 획득할 **가능성을 인정한** 것인 만큼, 결국 그는 기회주의자들에게 양보하는 정식을 선택한 것이다. 마르크스가 1872년판 『공산당선언』의 강령에서 "낡은 것"이라고 선언한 바로 그것이 1902년 카우츠키에 의해 또 **다시 부활**한 것이다.

이 소책자에는 '사회혁명의 형태와 무기'라는 제목의 특별한 절이 하나 있다. 여기에는 대중적 정치파업, 내전, "관료나 군대 같은 오늘날의 대국가大國家의 권력 수단"에 관한 언급은 있지만, 코뮌이 이미 노동자들에게 가르쳐준 것에 대해서는 단 한마디의 언급도 없다. 확실히 엥겔스가 사회주의자들, 특히 독일 사회주의자들에게 국가에 대한 "미신적 숭배"를 경고한 것은 이유 없지 않았던 것이다.

카우츠키는 승리한 프롤레타리아트는 "민주주의적 강령을 실현"할 것이라고 말한 다음 그 강령의 각 조항을 설명한다. 그러나 부르주아 민주주의를 프롤레타리아 민주주의로 대체하는 문제에서 1871년이 어떤 새로운 것을 제공했는가에 대해서는 한마디도 없다. 카우츠키는 다음과 같은 "그럴듯"하면서도 케케묵은 말로 문제를 적당히 처리해버린다.

하지만 우리가 지금과 같은 상황에서 지배권을 획득
하지 못하리라는 것은 자명한 일이다. 혁명 자체는 길
고도 심각한 투쟁을 전제로 하며, 우리는 이러한 투쟁
을 통해 비로소 현재의 정치적·사회적 구조를 변화시
킬 것이다.

물론 그것은 말이 귀리를 먹는다거나 볼가 강이 카스피 해로 흘
러든다는 것이 진리인 것과 같이 "자명한 일"이다. 다만 유감스
러운 것은 카우츠키가 "심각한" 투쟁이라는 공허하고 과장된
문구를 사용해 혁명적 프롤레타리아트에게 대단히 중요한 문
제, 즉 국가와 민주주의와 맺는 관계에서 이전의 비프롤레타리
아적 혁명들과는 달리 **프롤레타리아 혁명의 '깊이'가 바로 어디에**
서 나타나는가 하는 문제를 **회피**했다는 사실이다.

　카우츠키는 말로는 기회주의에 대하여 단호한 투쟁을 선
포하며 '혁명 사상'의 의의를 강조하고(만일 노동자들에게 혁명
의 구체적 교훈을 선전하기를 두려워한다면 이 '사상'이 무슨 가치
가 있겠는가?), "무엇보다도 혁명적 이상주의"라고 말하거나, 오
늘날의 영국 노동자들은 "프티부르주아보다 별로 나을 게 없다"
라고 말하고는 있지만, 실제로는 이 문제를 회피함으로써 가장
본질적인 점에서 기회주의에 양보하고 있는 것이다.

　카우츠키는 이렇게 쓴다.

　　사회주의 사회에서는 관료적(??) 기업, 노동조합적 기
　　업, 협동조합적 기업, 개인 기업 등등의 매우 다양한

181

기업형태가 (……) 병존할 수 있다. (……) 예를 들어 철도처럼 관료적(??) 조직 없이는 해나갈 수 없는 기업이 있다. 거기서는 민주주의적 조직이, 노동자들이 대의원을 선출하고 그 대의원들이 의회 비슷한 것을 조직하고 그 의회가 작업규칙을 제정하고 관료기구의 운영을 감독하는 형태를 취할 수 있을 것이다. 다른 기업들의 관리는 노동조합에 맡길 수 있으며 또 다른 기업들은 협동조합식으로 경영할 수 있다.(1903년 제네바판, 러시아어 번역본, 115/148쪽)

이는 잘못된 생각으로 1870년대에 마르크스와 엥겔스가 코뮌의 교훈을 예로 들어 설명한 것보다 한 걸음 후퇴한 것이다.

이른바 "관료적" 조직이 필요하다는 점에서 상점, 자본주의적 대농장과도 결코 아무런 차이가 없다. 이 모든 기업에서는 기술이, 각자 자신에게 할당된 노동의 몫을 수행하는 데 매우 엄격한 규율과 최대의 정확성을 무조건적으로 요구한다. 만일 그렇지 않을 경우에는 전체 작업이 중지되거나 기계 또는 생산물이 손상될 위험이 있기 때문이다. 물론 이 모든 기업에서 노동자들은 "대의원들을 선출하고 그 대의원들은 **의회 비슷한 것을 조직할**" 것이다.

그러나 이 "의회 비슷한 것"이, 부르주아적 의회주의의 테두리를 벗어나지 못한 사상을 지닌 카우츠키가 상상하듯 단지 "노동 규칙을 제정하고 그 관료기구의 운영을 감독"하는 데만 그치지 **않으리라는** 바로 거기에 문제의 핵심이 있는 것이다. 물

182

론 사회주의 사회에서는 노동자 대의원들로 구성된 "의회 비슷한 것"이 "노동 규칙을 제정하며" 이 "기구"의 "운영을 감독"하게 될 것이다. 그러나 그 기구가 '관료'기구는 아닐 것이다. 노동자들은 정치권력을 쟁취한 후에는 낡은 관료기구를 파괴할 것이고, 그것을 철저히 분쇄하여 하나도 남기지 않을 것이며, 이 낡은 기구를 노동자와 사무원들로 구성되는 새로운 기관으로 대체할 것이다. 그리고 이들이 관료화되는 것을 막기 위해 마르크스와 엥겔스가 자세히 연구한 다음과 같은 조치를 즉시 취할 것이다. 즉 (1) 선거제뿐만 아니라 언제라도 소환할 수 있는 제도, (2) 노동자 임금을 초과하지 않는 급료 지불, (3) 누구나 통제와 감독의 기능을 수행하고 누구나 일시적으로 '관료'가 되며 따라서 어느 누구도 '관료'가 될 수 없게 하는 데로 즉시 넘어가는 것이 그것이다.

카우츠키는 "코뮌은 의회적 단체가 아니라 행정과 입법을 함께 집행하는 활동단체였다"라는 마르크스의 말에 대해 조금도 생각해보지 않았던 것이다.

카우츠키는 민주주의(인민을 위한 것이 아닌)를 관료주의(인민에 반대하는)와 연결시키는 부르주아 의회제도와, 관료주의를 뿌리 뽑기 위해 즉시 대책을 세우고 그 대책을 끝까지, 관료주의를 완전히 제거할 때까지, 인민을 위한 완전한 민주주의가 실시될 때까지 관철할 수 있는 프롤레타리아 민주주의와의 차이를 전혀 이해하지 못했던 것이다.

여기서 카우츠키는 여전히 국가에 대한 바로 그 '미신적 숭배'와 관료주의에 대한 '미신적 신앙'을 드러내고 있다.

183

기회주의자들에 의한 마르크스주의의 속류화

이제 카우츠키가 기회주의에 반대하여 쓴 최후의 가장 훌륭한 저작인 『권력에의 길』*Der Weg zur Macht*(이 소책자는 러시아의 가장 어두운 반동의 시기였던 1909년에 발행되었기 때문에 러시아어로는 출판되지 않은 것 같다)을 살펴보자. 이 소책자는 베른슈타인을 반대하는 1899년의 소책자에서처럼 혁명이 도래하는 시기를 고려하지 않고 사회혁명의 과제들을 논한 것이 아니라, '혁명의 시대'가 도래하고 있음을 인정하게 하는 구체적 조건을 다룬 것이기 때문에 괄목할 만한 진전이라고 할 수 있다.

저자는 계급대립 일반의 격화 및 이와 관련하여 특별히 중요한 역할을 하는 제국주의를 두고 다음과 같이 단언한다. 서유럽의 "1789~1871년 혁명적 시기"와 비슷한 시기가 동방에서는 1905년부터 시작되었다. 세계대전이 무서운 속도로 닥쳐오고 있다. "이제 프롤레타리아트는 더는 혁명이 시기상조라는 등의 말을 할 수 없다." "우리는 혁명적 시기에 들어섰다." "혁명의 시대가 시작되고 있다."

이러한 언명은 대단히 명쾌하다. 카우츠키의 이 소책자는 제국주의 전쟁 전에 독일 사회민주당이 **하겠다고 약속한** 것과 전쟁이 일어났을 때 독일 사회민주당(카우츠키 자신도 포함하여)이 얼마나 깊이 타락했는가를 비교할 수 있는 척도가 되어야 한다. 카우츠키는 이 소책자에서 "그런데 현재의 상황은 자칫하면 우리를"(즉 독일 사회민주당을) "실제 이상으로 더 온건한 사람으로 생각하게 할 위험을 초래하고 있다"라고 썼다. 그러나 실제로는 독일 사회민주당은 생각한 것과 비교할 수 없을 만큼 더 온건하고 기회주의적이었음이 밝혀졌다!

더더구나 특징적인 것은 카우츠키가 혁명의 시대가 이미 시작되었다고 그처럼 단언하면서도, 자기 입으로 직접 '정치혁명'의 문제를 다루기 위해 썼다고 말한 이 소책자에서는 국가 문제를 완전히 회피했다는 사실이다.

이 문제에 대한 회피와 침묵과 애매한 태도가 쌓여 앞으로 우리가 다루게 될 '기회주의로 완전히 돌아서는 일'이 필연적으로 일어났던 것이다.

독일 사회민주당은 카우츠키라는 인물을 통해 다음과 같이 선언한 셈이다. 나는 혁명적 견해를 고수한다(1899년). 나는 무엇보다도 프롤레타리아트 사회혁명의 불가피성을 인정한다(1902년). 나는 새로운 혁명의 시대가 도래함을 인정한다(1909년). 그러나 나는 지금 국가에 대한 사회주의혁명의 임무에 대한 문제가 제기되고 있기 때문에 일찍이 마르크스가 1852년에 말한 것으로 되돌아간다(1912년).

이 문제가 아주 뚜렷한 형태로 제기된 것은 카우츠키와 판네쿠크Pannekoek와의 논쟁에서였다.

3   판네쾨크와 카우츠키의 논쟁

판네쾨크는 로자 룩셈부르크Rosa Luxemburg, 카를 라데크Karl Radek 등을 포함한 '급진적 좌익' 조류의 대표자 중 한 사람으로서, 카우츠키를 반대하고 나섰다. 이 조류는 혁명적 전술을 옹호하면서, 카우츠키가 마르크스주의와 기회주의 사이에서 원칙 없이

185

기회주의자들에 의한 마르크스주의의 속류화

동요하는 '중앙파'의 입장으로 옮아가고 있다는 확신을 공유하였다. 카우츠키에 대한 이러한 견해가 옳다는 것은 전쟁을 통해 충분히 입증되었다. 즉 전쟁 당시 '중앙파'(마르크스주의라고 잘못 불리는)나 '카우츠키주의'의 조류는 역겨울 정도로 비참한 모습을 완전히 드러냈다.

판네쾨크는 국가 문제에 관해 언급한 논문 「대중 활동과 혁명」Massenaktion und Revolution, 『신시대』, 제30권, 제2호, 1912년)에서 카우츠키의 입장을 "수동적 급진주의", "무활동적인 기대 이론"이라고 규정하였다. "카우츠키는 혁명 과정을 이해하지 못하고 있다."(616쪽) 판네쾨크는 이런 식으로 문제를 제기하면서 우리가 흥미를 갖는 주제인 국가에 대한 사회주의혁명의 과제를 다루었다.

그는 다음과 같이 쓴다.

> 프롤레타리아트의 투쟁은 단순히 국가권력을 획득하기 위해 부르주아지에 반대하는 투쟁이 아니라 국가권력에 반대하는 투쟁이다. (……) 이 혁명의 내용은 프롤레타리아트의 권력 수단을 통해 국가의 권력 수단을 파괴하고 해체하는 것이다. (……) 이 투쟁은 오직 그것의 최종적인 결과로서 국가조직이 완전히 파괴되었을 때라야 비로소 종결되는 것이다. 그때에야 다수자의 조직은 지배하는 소수자의 조직을 파괴함으로써 자체의 우월성을 입증하게 될 것이다.(548쪽)

판네쾨크가 자신의 사상을 나타낸 이 정식은 대단히 결함이 많다. 그러나 정식이 뜻하는 바는 분명하다. 흥미 있는 것은 카우츠키가 그것을 **어떻게** 반박했는가 하는 것이다.

그는 다음과 같이 쓴다.

> 지금까지 사회민주주의자들과 무정부주의자들 사이의 대립은 전자는 국가권력을 쟁취하려고 한 반면 후자는 그것을 파괴하려고 한 데 따른 것이었다. 그런데 판네쾨크는 이 두 가지를 다 하려고 한다.(724쪽)

비록 판네쾨크의 서술이 명확하지 않고 충분히 구체적이지는 못하지만(판네쾨크의 논문에서 지금 고찰하는 주제와는 무관한 다른 결함들은 제쳐두더라도), 카우츠키는 바로 판네쾨크가 지적한 문제의 **원칙적 본질**을 정확히 이해했다. 하지만 그런 다음 그는 이 **근본적인 원칙적** 문제에서 마르크스주의의 입장을 완전히 포기하고 기회주의로 완전히 넘어가버린 것이다. 사회민주주의자와 무정부주의자 사이의 차이에 대한 카우츠키의 견해는 전적으로 잘못된 것이다. 그에게서 마르크스주의는 여지없이 왜곡되고 속류화되었다.

마르크스주의자와 무정부주의자의 차이는 다음과 같다.

첫째, 전자는 국가의 완전한 폐지를 목표로 하며 이는 국가를 사멸로 이끄는 사회주의 수립의 결과로 사회주의혁명에 의해 계급이 폐지된 후에야 비로소 달성될 수 있다고 보는 반면, 후자는 국가의 폐지를 실현할 수 있는 조건을 이해하지 못

187

기회주의자들에 의한 마르크스주의의 속류화

한 채 국가를 즉각적으로 완전히 폐지하고자 한다. 둘째, 전자는 프롤레타리아트가 정치권력을 쟁취한 후 낡은 국가기구를 완전히 파괴하고 그것을 코뮌을 본뜬 무장한 노동자들의 조직으로 대체할 필요가 있다고 보는 데 반해, 후자는 국가기구의 파괴를 주장하긴 하지만 프롤레타리아트가 그것을 **무엇으로** 대체할 것인지 또 혁명적 권력을 **어떻게** 이용할 것인지에 대해서는 아주 불명확한 생각밖에 갖고 있지 않다. 무정부주의자들은 심지어 혁명적 프롤레타리아트의 국가권력 이용과 그들의 혁명적 독재까지도 거부한다. 셋째, 전자는 오늘날의 국가를 이용해 프롤레타리아트가 혁명을 준비할 것을 요구하는 반면, 무정부주의자들은 이것을 거부한다.

이 논쟁에서 마르크스주의를 대표하는 사람은 카우츠키가 아니라 다름 아닌 판네쾨크다. 왜냐하면 프롤레타리아트는 낡은 국가장치를 새로운 사람이 맡는다는 의미에서 단순히 국가권력을 쟁취해서는 안되고 그 장치를 파괴·분쇄하고 새로운 것으로 대체하지 않으면 안 된다고 가르친 사람이 바로 마르크스이기 때문이다.

카우츠키는 마르크스주의를 버리고 기회주의자 진영으로 넘어가고 있다. 왜냐하면 그에게서는 기회주의자들로서는 절대로 수용할 수 없는 국가기구 파괴가 완전히 사라지고 없기 때문이며, 또 그는 '쟁취'를 단지 다수의 획득으로만 해석함으로써 기회주의자들이 빠져나갈 구멍을 남겨놓았기 때문이다. 카우츠키는 마르크스주의에 대한 자신의 왜곡을 은폐하기 위해 마치 율법학자처럼 행동하고 있다. 1850년 마르크스는 "국가의 수

중에 권력을 결정적으로 집중할[44] 필요성에 대해 썼다. 그래서 카우츠키는 위세당당하게 다음과 같은 질문을 던진다. "그러므로 결국 판네쾨크는 '중앙집권제'를 파괴하려는 것이 아닌가?"

이것은 베른슈타인이 연방제에 대한 마르크스주의와 프루동주의의 견해 모두 중앙집권제와 대립된다고 하여 둘을 동일한 것으로 본 것과 비슷한 한갓 속임수일 뿐이다.

카우츠키가 '인용한 구절'은 얼토당토않은 것이다. 중앙집권제는 낡은 국가기구로도 새로운 국가기구로도 다 가능하다. 노동자들이 자발적으로 자신들의 무장력을 하나로 집중하면 그것이 곧 중앙집권제인 것이다. 그러나 중앙집권제는 중앙 집권적 국가장치인 상비군, 경찰, 관료제의 '완전한 폐지'에 기초하게 될 것이다. 카우츠키가 코뮌에 대한 마르크스와 엥겔스의 잘 알려진 서술들은 회피하고 문제와는 아무런 관계도 없는 인용구를 끄집어내는 것은 완전히 사기꾼의 행동인 것이다.

카우츠키는 계속해서 다음과 같이 쓴다.

> 그는〔판네쾨크는 — 지은이〕혹시 관리들의 국가적 기능을 폐지하려고 하는 것이 아닐까? 하지만 우리는 국가행정에 대해서는 말할 것도 없고 당이나 노동조합에서도 관리들 없이는 일을 해나갈 수 없다. 그렇기 때문에 우리의 강령은 국가관리의 제거가 아니라 인민에 의한 관리 선출을 요구한다. (……) 지금 우리가

---

44   MEW, 제7권, p. 252.

기회주의자들에 의한 마르크스주의의 속류화

논하는 것은 '미래 국가'의 관리 장치가 어떤 형태를 취할 것인가가 아니라 **우리가 국가권력을 쟁취하기에 앞서 우리의 정치투쟁이 국가권력을 해체하겠는가** 하는 것이다. 어떠한 정부 부처가 소속 관리와 함께 폐지될 수 있을 것인가?〔카우츠키는 교육부, 법무부, 재무부, 국방부들을 거론한다 — 지은이〕 아니다. 현재의 부처 중 어느 하나도 정부를 반대하는 우리의 정치투쟁에 의해 폐지되지는 않을 것이다. (……) 오해를 피하기 위해 거듭 말하지만, 문제는 승리한 사회민주당이 미래 국가에 어떠한 형태를 부여할 것인가가 아니라 우리들 반정부 당이 현재의 국가를 어떻게 변경하겠는가 하는 것이다.(725쪽, 강조는 카우츠키)

이것은 명백한 속임수이다. 판네쾨크는 다름 아닌 **혁명**의 문제를 제기했었다. 그것은 그의 논문 제목에도, 앞서 인용한 문장들에도 분명하게 나타나 있다. 그런데 카우츠키는 "반정부 당"에 관한 문제로 건너뜀으로써 혁명적 관점을 기회주의적 관점으로 바꾸어버렸다. 그의 말은 결국 현재 우리는 반정부 당이고 장차 우리가 어떻게 될지는 권력을 쟁취한 후에 알게 될 것이라는 이야기다. **혁명은 실종되고 만다!** 이것이 바로 기회주의자들이 필요로 하는 것이다.

　문제는 반정부 당이나 정치투쟁 일반이 아니라 다름 아닌 혁명이다. 혁명은 프롤레타리아트가 "관리 장치"와 **모든** 국가장치를 **파괴하고** 그것을 무장한 노동자들로 이루어진 새로운 장

190

치로 대체하는 데서 성립한다. 카우츠키는 "정부 부처들"에 대한 "미신적 숭배"를 드러내고 있는데, 어째서 이 부처들은, 이를테면 최고의 전능한 권력을 지닌 노동자·병사 대의원 소비에트의 전문가 위원회로 대체될 수 없단 말인가?

그러나 문제의 핵심은 "정부 부처들"이 남아 있을 것인가 아니면 "전문가 위원회"나 다른 어떤 기관들이 있게 될 것인가가 결코 아니다. 그것은 전혀 중요하지 않다. 문제의 핵심은 낡은 국가기구(수천 개의 끈으로 부르주아지와 연결되어 있고 속속들이 구습과 보수주의로 물들어 있는)가 유지될 것인가 아니면 그것이 **파괴되고 새로운 기구**로 대체될 것인가이다. 혁명의 본질은 새로운 계급이 **낡은** 국가기구의 힘을 빌려 명령하고 통치하는 데 있어서는 안 되고, 새로운 계급이 낡은 기구를 파괴하고 새로운 기구의 힘을 빌려 명령하고 통치하는 데 있어야 한다. 카우츠키는 마르크스주의의 이러한 근본 사상을 호도하는 것이거나 아니면 전혀 이해하지 못하는 것이다.

관리들에 대한 카우츠키의 논의는 그가 코뮌의 교훈과 마르크스의 학설을 이해하지 못했다는 것을 명백하게 보여준다. "우리는 당이나 노동조합에서도 관리들 없이는 해나갈 수 없다. (……)"

우리는 **자본주의하에서는,** 즉 **부르주아지의 지배하에서는** 관리들 없이는 해나갈 수 없다. 자본주의 때문에 프롤레타리아트는 억압당하고 근로대중은 노예화되었다. 자본주의하에서 민주주의는 임금노예제와 대중의 궁핍과 모든 빈곤 상황에 의해 제한되고 속박당하고 축소되고 불구가 되었다. 그렇기 때문에, 오

191

직 그렇기 때문에 우리의 정치조직이나 노동조합조직에서 관리들이 자본주의의 상황에 의해 타락하고(보다 정확히 말하면, 타락하는 경향이 있고) 관료가 되는 경향, 즉 대중과 떨어져 대중 위에 선 특권을 지닌 자가 되는 경향이 나타나는 것이다.

관료주의의 본질이 여기에 있다. 그렇기 때문에 자본가가 아직 수탈당하지 않고 부르주아지가 아직 타도되지 않은 한, 프롤레타리아적 공직자조차 어느 정도 "관료화되는 것"은 불가피한 일이다.

카우츠키에 따르면 사태는 이렇다. 선출직 공직자가 남아 있는 한, 사회주의에서도 관리는 남아 있을 것이며 관료제도 남아 있을 것이다! 바로 이것이 카우츠키가 틀린 점이다. 마르크스는 바로 코뮌의 예를 들어 사회주의에서는 공직자가 '관료'나 '관리'이기를 그치는데, 선거제도 외에 또 항시적 소환제도를 실시하고 또 노동자의 평균임금 수준으로 급료를 인하하고 그리고 또 의회적 기관을 "행정과 입법을 함께 수행하는 활동 단체"로 대체함으로써 그렇게 된다는 것을 보여주었다.

판네쾨크를 반대한 카우츠키의 모든 논증, 특히 당과 노동조합에서도 관리들 없이는 해나갈 수 없다는 그의 당당한 논박은 사실상 마르크스주의 일반에 반대한 베른슈타인의 낡은 '논거'의 되풀이이다. 베른슈타인은 자신의 변절을 보여주는 『사회주의의 전제조건과 사회민주당의 임무』라는 저서에서 "원시적" 민주주의 사상에 반대하여 싸우고 있으며 명령적 위임, 무보수 공직자, 권력을 갖지 못하는 중앙대표기관 등 자신이 "교조적 민주주의"doktrinaren Demokratismus라고 부른 것에 반대하여 싸우고 있다. 베른슈타인은 이 "원시적" 민주주의가 근거 없는 것이라는 증거로 웹Webb 부부가 해석한 의미에서 영국 노동조합의 경험을 끌어댄다. 그는 이른바 "완전한 자유 속에서"(독일어판, 137쪽) 발전한 영국 노동조합이 70년간의 발전 과정 속에서 원시적 민주주의의 무용성을 확인하게 되었으며 그리하여 원시적 민주주의를 보통민주주의, 즉 관료제와 결합된 의회제로 대체하였다고 말한다.

그러나 실제로 노동조합은 "완전한 자유 속에서" 발전한 것이 아니라 **완전한 자본주의적 노예제도에서** 발전했다. 그리고 이 제도에서는 지배적인 악과 폭력과 거짓에 많은 양보를 하지 않고는, 그리고 "고도의" 행정 사무에서 가난한 사람들을 배제하지 않고는 "해나갈 수 없는 것"은 물론이다. 사회주의에서는 "원시적" 민주주의의 많은 것이 되살아날 수밖에 없을 것이다. 왜냐하면 사회주의에서는 문명사회의 역사상 처음으로 주민대중이 일어나 투표와 선거뿐만 아니라 **일상적 행정 사무에도 자주적으로 참여**하게 될 것이기 때문이다. 사회주의에서는 **모든 사람**이 돌아가면서 통치하게 될 것이고, 얼마 지나지 않아 통치하는 사람이 아무도 없는 데 곧 익숙해질 것이다.

마르크스는 비판적이고 분석적인 비범한 지성으로 코뮌의 실천적 조치들에서 **전환점**을 인식했다. 기회주의자들은 비겁함 때문에, 또한 부르주아지와 영원히 절연하기를 원하지 않기 때문에 이 전환점을 인정하기를 두려워하고 인정하고 싶어하지도 않는다. 무정부주의자들도 혹자는 조급해서 혹자는 대중적·사회적 변혁 일반의 조건을 이해하지 못해서 이 전환점을 보려

193

기회주의자들에 의한 마르크스주의의 속류화

하지 않는다. 속속들이 속물근성에 젖어 있고 본래 혁명과 혁명의 창조력을 믿지 않을 뿐만 아니라 혁명을 죽음보다도 더 두려워하는(러시아의 멘셰비키와 사회혁명당원들처럼) 기회주의자들은 이렇게 말한다. "낡은 국가기구의 파괴에 대해서는 생각조차 해서는 안 된다. 정부 기관들과 관리들 없이 도대체 우리가 어떻게 해나갈 수 있겠는가."

　무정부주의자(물론 이때의 무정부주의자란 크로포트킨 및 그 일파와 함께 부르주아지의 뒤꽁무니를 쫓아다니는 그런 자가 아니라 무정부주의자들 중에서 가장 나은 자를 가리킨다)는 이렇게 말한다. "**오직** 낡은 국가기구의 파괴에 **대해서만** 생각할 필요가 있을 뿐 이제까지의 사회주의혁명들의 **구체적** 교훈을 탐구하고 또 파괴될 것을 **무엇으로 어떻게** 대체할 것인가를 분석할 필요는 없다." 그렇기 때문에 무정부주의자들에게서는 무자비할 정도로 용감하면서도, 대중운동의 실제적 조건을 고려하는 구체적 과제를 위한 혁명적 사업의 전술이 아니라 **절망**의 전술이 나오는 것이다.

　마르크스는 우리에게 이 두 가지 오류를 다 피하라고 가르친다. 즉 그는 모든 낡은 국가기구를 파괴하는 데 한없는 용감성을 발휘하라고 가르치면서 문제를 구체적으로 설정하라고 가르친다. 즉 코뮌은 보다 광범위한 민주주의를 실현하고 관료제도를 근절하기 위해 앞서 지적한 조치들을 취함으로써 불과 몇 주 만에 이러이러하게 **새로운** 프롤레타리아 국가기구를 건설하기 **시작**할 수 있었다. 코뮌 참가자들에게서 혁명적 용감성을 배우자. 그들의 실천적 조치들에서 실천적이고 긴급하며 즉시 실현 가능한 조치들의 윤곽을 발견하자. **이러한 길을 밟아갈 때, 우리는 관료제의 완전한 폐지에 이르게 될 것이다.**

이 같은 폐지 가능성은 사회주의가 노동시간을 단축하고 대중을 새로운 생활로 끌어들이고 주민**의 다수가** 하나도 빠짐없이 **누구나 다** "국가적 기능"을 수행할 수 있는 상태를 만듦으로써 확보된다. 이리하여 마침내 국가 일반이 **완전한 사멸**에 이르게 되는 것이다.

카우츠키는 다음과 같이 이어간다.

> 그것의〔대중적 파업의 — 지은이〕과제는 결코 국가권력을 **파괴하는** 것일 수 없으며 단지 특정한 문제에서 정부가 양보하게 하거나 아니면 프롤레타리아트에게 적대적인 정부를 프롤레타리아트에게 호의적인 정부로 대체하는 데 있다. (……) 그러나 이것은〔즉 적대적인 정부에 대한 프롤레타리아트의 승리는 — 지은이〕언제 어떤 조건하에서건 국가권력의 **파괴**를 가져올 수는 없고 단지 **국가권력 내부의** 권력관계를 어느 정도 **변동**시키는 결과만을 가져올 수 있을 뿐이다. (……) 그러므로 우리 정치투쟁의 목표는 지금까지와 마찬가지로 의회에서 다수를 차지함으로써 국가권력을 획득하고 의회를 정부의 주인 자리로 끌어올리는 것이다.(726, 727, 732쪽)

이것은 그야말로 가장 확실하고 가장 저속한 기회주의이며, 말

기회주의자들에 의한 마르크스주의의 속류화

로는 혁명을 인정하면서 실제로는 혁명을 포기하는 것이다. 카우츠키의 사상은 "프롤레타리아트에게 호의적인 정부" 이상으로는 더 나아가지 못하고 있다. 이것은 "프롤레타리아트의 지배계급으로의 상승"을 선언한 1847년의 『공산당선언』에 비해 속물주의로 일보 후퇴한 것이다.

카우츠키는 "프롤레타리아트에게 호의적인" 정부를 만들기 위해 싸울 만반의 태세를 갖추고 있는 샤이데만, 플레하노프, 반데르벨드 등과 함께 자신이 좋아하는 "통일"을 실현하는 수밖에 없다.

그러나 우리는 사회주의에 등을 돌린 이 배신자들과는 단호하게 결별할 것이며 무장한 프롤레타리아트 자체를 **정부로 만들기** 위해 그리고 모든 낡은 국가기구의 파괴를 위해 투쟁할 것이다. 이 둘은 근본적으로 서로 다른 것이다.

하지만 카우츠키는 "국가권력 내부의 권력관계 변동"을 위해 그리고 "의회에서 다수를 차지하는 것과 의회를 정부의 주인의 자리로 끌어올리는 것"을 위해 투쟁할 만반의 태세가 되어 있는 레긴, 다비트, 플레하노프, 포트레소프, 체레텔리, 체르노프 등과 사이 좋은 동료가 되어야 할 것이다. 이 고귀한 목표를 위해서라면 기회주의자들은 모든 것을 수용할 수 있으며, 모든 것은 부르주아적·의회제적 공화제의 범위 안에 머무르게 된다.

그러나 우리는 기회주의자들과 단호히 결별할 것이며, 계급의식을 가진 모든 프롤레타리아트는 "권력관계 변동"을 위해서가 아니라 **부르주아지 타도**를 위해, 부르주아 의회제도 **파괴를**

위해, 코뮌 형태의 민주공화제나 노동자·병사 대의원 소비에트 공화제를 위해, 프롤레타리아트의 혁명적 독재를 위해 우리와 함께 투쟁해나갈 것이다.

국제 사회주의에서 카우츠키보다 더 우익은 독일의 『월간 사회주의』의 일파(레긴, 다비트, 콜브Kolb 및 스칸디나비아의 스타우닝과 브란팅을 비롯한 많은 사람), 영국의 페비안파와 '독립파'(실제로는 늘 자유주의자들에게 종속되어 있는 '독립노동당') 등이다. 이 신사분들께서는 의회 활동과 당의 출판물에서 늘 대단하다 못해 결정적 역할을 하면서 프롤레타리아독재를 공공연히 거부하고 노골적으로 기회주의를 내세우고 있다. 이 신사들에게 프롤레타리아 '독재'는 민주주의와 '모순'되는 것이다!! 이들은 본질적인 면에서 프티부르주아적 민주주의자들과 이렇다 할 만한 차이가 전혀 없다.

이런 사정에 비추어 볼 때 제2인터내셔널의 공식 대표자들의 압도적 다수는 기회주의에 완전히 빠져들었다고 결론지어도 무방할 것이다. 코뮌의 경험은 잊혔을 뿐만 아니라 왜곡되었다. 노동자 대중에게는 그들이 일어나 낡은 국가기구를 파괴한 후 그것을 새로운 것으로 대체하고 그럼으로써 자기의 정치적 지배권을 사회의 사회주의적 개조의 토대로 삼아야 할 시기가 닥쳐오고 있다는 것이 인식되지 않았을 뿐만 아니라 오히려 그와는 반대의 것이 고취되었고 "권력 쟁취"는 기회주의에 수천 개의 탈출구를 남겨두는 방향으로 해석되었다.

제국주의적 경쟁의 결과로 강력한 군사기관을 갖게 된 국가들이 영국과 독일 가운데, 즉 영국의 금융자본과 독일의 금융

197

자본 가운데 어느 쪽이 세계를 지배할 것인가 하는 싸움을 해결하기 위해 수백만 명의 목숨을 빼앗는 전쟁 괴물이 되어버린 때에, 사회주의혁명과 국가 간의 관계 문제에 대한 이러한 왜곡과 은폐는 엄청난 역할을 하지 않을 수 없었다.

제7장
1905년과 1917년의 러시아혁명의 경험

이 장의 제목의 의미는 그것에 대해 몇 권의 책이라도 쓸 수 있고 또 쓰지 않으면 안 될 만큼 대단히 방대하다. 물론 이 소책자에서는 국가권력에 대해 프롤레타리아트가 수행해야 할 과제와 직접 관계되는 가장 중요한 교훈들에 국한해 다룰 수밖에 없다.[45]

---

45   원고는 여기서 중단된다.

초판 후기

이 소책자는 1917년 8월과 9월에 쓴 것이다. 나는 그전에 이미 다음 장인 제7장(「1905년과 1917년의 러시아혁명의 경험」)에 대한 복안을 세워놓고 있었다. 그러나 나는 제목 이외에는 단 한 줄도 쓸 수 없었다. 1917년 10월 혁명 전야의 정치적 위기가 '방해'했기 때문이다. 하지만 이러한 '방해'는 오직 기뻐해야 할 일일 뿐이다. 그런데 이 소책자의 ('1905년과 1917년의 러시아 혁명의 경험'에 대해 다룰) 제2부는 아마도 오랫동안 보류해야 할 것 같다. 그것은 '혁명의 경험'을 쌓는 것이 그것에 대해 쓰는 것보다 더 즐겁고 유익한 일이기 때문이다.

1917년 11월 30일
페트로그라드에서 레닌

인명 색인

ㄱ

게드 Guesde, Jules (1845~1922) 21

프랑스의 사회주의자. 『인권』지를 편집하여 사회운동
에 가담했다. 파리코뮌을 지지하는 논설을 실어 투옥
되었다. 1876년 주간지 『평등』을 간행, 집산주의 사상
을 선전했다. 1880년 마르크스의 협력을 얻어 '노동당
기본강령'을 기초, 채택하는 등 1905년 통일사회당의
성립까지 프랑스 사회주의 운동의 중요한 일익을 담
당했다.

ㄷ

다비트 David, Eduard (1863~1930) 21, 196

독일의 사회주의 경제학자이자 정치가. 사회민주당
소속의 국회의원을 거쳐(1903~1918, 1920), 1920년 내
상이 되었다. 수정 마르크스주의를 제창하였으며, 주
요 저서로 『사회주의와 농업』*Sozialismus und Landwirtschaft*
(1903)이 있다.

201

라살레 Lassalle, Ferdinand Johann Gottlieb (1825~1864)   144, 154, 155, 157

독일의 사회주의자, 노동운동 지도자. 브레슬라우에
서 유대인 직물상의 아들로 태어났다. 브레슬라우, 베
를린의 양 대학에서 배우고, 헤겔 철학에 경도, 헤겔
좌파에 속했다. 졸업 후, 연구생활(1848~1862) 중에
철학적 저작 『헤라클레이토스의 철학』*Die Philosophie Her-
akleitos des Dunklen Ephesos*을 썼다. 3월 혁명에 참가하고, 이
후 베를린에 거주했다. 차츰 독일 사회주의 운동의 중
진이 되고, 1863년 '전독일 노동자동맹'의 창설과 함께
초대 총재가 되었다.

라데크 Radek, karl Bernardovich (1885~?)   185

소련의 정치가. 폴란드의 라보프에서 태어났다. 1904
년 폴란드 사회민주당에 입당, 폴란드 혁명운동에 참
가하여 1905년에 피체, 망명했다. 폴란드와 독일에서
사회민주당의 신문편집에 종사했다. 룩셈부르크, 메
링과 함께 사회민주당 좌파를 형성해 카우츠키파와
대립했다. 제1차 세계대전 중 반전운동에 참가, 2월
혁명 후 볼셰비키에 입당해서 그 대표로서 스톡홀름
에 주재했다. 1918년 러시아 소비에트 집행위원 대표
로서 독일 공산당 창당을 목적으로 독일에 입국했다.
1919년 스파르타쿠스단의 봉기 실패로 체포, 1920년
러시아에 강제송환 되었다. 1923년 독일혁명 실패의
책임자로서 실각할 때까지 코민테른 집행위원을 역임

했다. 1924년 지노비에프와 함께 스탈린과 대립했고 1926년 제명되었으나 1930년 복당했다. 1937년 반혁명음모 가담죄로 10년형을 받고 복역 중 1941년 보석으로 석방됐다. 사망 시기는 불명확하다.

룩셈부르크Luxemburg, Rosa (1870~1919)   185

폴란드 출생의 여성 공산주의자. 독일 공산당의 창시자 중 한 사람으로 마르크스주의 경제학자. 바르샤바에서 유대인 상인의 딸로 태어났다. 취리히, 베를린, 제네바 등에서 사회주의를 연구하고(1889~1892), 취리히에서 요기헤스Leo Jogiches 등과 함께 정치 활동에 참가(1892~), 러시아 폴란드 사회민주당을 창립했다 (1893). 1895년 독일에 입국하여 독일 사회주의 운동에 지도적 역할을 하고 베른슈타인 등의 수정주의 및 카우츠키 등과 맹렬히 투쟁했다. 제1차 세계대전 발발 후, 당의黨議에 반대하여 비전론을 주창하기도 했다. 리프크네히트와 함께 당내에 처음으로 '인테르 나치오날레'파를, 뒤에 '스파르타쿠스단'을 조직하고, 당에서 제명되었다. 이것이 독일 공산당의 전신이다. 1918년 스파르타쿠스단을 모체로 하여 리프크네히트와 함께 독일 공산당을 결성하고, 혁명운동을 계속하다가 체포되어 베를린에서 살해되었다.

그녀의 경제학상의 주요 저서『자본 축적론』*Die Akkumulation des Kapitals*,『자본 축적 재론再論』*Die Akkumulation des Kapitals oder Was die Epigonen aus der Marxschen Theorie gemacht hanbe-*

203

*EineAntikritik*은 약간의 오류가 있음에도 불구하고, 마르크스주의 재생산론상의 고전으로 평가되고 있다.

리프크네히트Liebknecht, Wilhelm (1826~1900)   50, 117, 120

독일과 국제 노동운동의 저명한 지도자. 독일 사회민주당의 창시자이자 지도자의 한 사람. 독일의 1848~1849년 혁명에 적극 가담, 혁명이 실패한 후 처음에는 스위스로, 나중에는 영국으로 망명했다. 영국에서 마르크스 및 엥겔스와 가까이 알고 지냈고 이들의 영향을 받아 사회주의자가 되었다. 1875년부터 죽을 때까지 독일 사회민주당 중앙위원이었고 1876년부터는 당의 중앙기관지 『전진』의 편집장이었다. 1867~1870년에 북독일 제국의회 의원이었고 1874년부터는 독일 제국의회 의원으로 여러 차례 당선, 의회 연단을 이용하여 프로이센 융커의 반동적인 대외 및 대내 정책을 폭로했다. 그는 제2인터내셔널의 조직에도 적극 참여했다. 마르크스와 엥겔스는 리프크네히트를 존중했으며 그의 활동에 조언을 했지만 동시에 기회주의 분자에 대한 그의 타협적 태도를 비판했다.

ㅁ

메링Mehring, Fraz (1846~1919)   67

독일 노동운동의 탁월한 지도자. 독일 사회민주당의 좌파 지도자이자 이론가의 한 사람. 역사가, 평론가, 문예학자. 1860년대 말부터 급진적인 부르주아 민주주의 평론가로 활동했다. 민주주의 성향의 잡지『인민』의 편집자였고 비스마르크에 반대하여 사회민주주의를 옹호했다. 1891년 독일 사회민주당에 입당. 당의 이론적 기관지인『신세대』의 적극적 기고자이자 편집진의 한 사람이 되었다. 메링은 제2인터내셔널 내의 기회주의와 수정주의에 대해 적극적으로 싸웠다. 그러나 그는 기회주의자와의 조직상의 단절을 인식하지 못한 독일 좌파의 잘못된 견해를 공유했다. 메링은 국제주의를 일관되게 옹호하고 사회주의 10월 혁명을 환영했다. 1916년부터 혁명적 '스파르타쿠스 그룹'의 지도자 중 한 명이었고 독일 공산당(스파르타쿠스단)의 창립에 중요한 역할을 했다.

미하일롭스키 Michailowski, N. K. (1842~1904)   33

인민주의 운동의 자유주의적 경향의 저명한 이론가, 평론가, 문예 비평가. 철학자로서의 실증주의자, 사회학에서 주관 학파의 대표자. 1860년에 문필 활동을 시작했고 1868년부터『조국 신문』의 기고가로 활동하다가 나중에 편집진의 한 사람으로 참여했다. 1870년대 말에 '인민의 의지' 단체의 출판물의 편집과 간행에 참여하기도 했다. 1892년에 잡지『러시아의 풍요』를 주재, 그 지상에서 마르크스주의자들과 격렬히 싸웠다. 레닌은『'인민의 벗'이란 누구인가, 그리고 그들은 사회민주주의자와 어떻게 싸우는가?』(1894)와 그 밖의 저작에서 미하일로프스키의 견해를 비판하고 있다.

205

밀랑Millerand, Alexandre Etienne (1859~1943)　176

프랑스의 정치가이자 법률가. 제3공화정 11대 대통령
(1920~1924). 1883년 드가스뷔 파업의 지도자를 변호
하여 유명해졌고, 클레망소G. clemenceau가 관여한 기관
지『정의』의 주필이 되었다. 1885년 급진 사회주의자
로서 하원 의원이 되어 사회당을 이끌고 사회 입법에
전력 1899년 상무상商務相이 되었다.

ㅂ

바쿠닌Bakunin, Mikhail Aleksandrovich (1814~1876)　96, 116, 174

러시아의 무정부주의 사상가. 프루동의 영향을 받아
무정부주의를 주장했다. 파리, 드레스덴 폭동에 참가,
시베리아에 유형당했다. 1860년 일본으로 탈출했다가
미국으로 건너갔다. 1868년 제1인터내셔널에 참가, 마
르크스파와 대립하다 제명당했다.『신神과 국가』에서
무신론·권력 부정을 주장. 러시아의 니힐리즘에 영향
을 주었다.

베른슈타인Bernstein, Eduard (1850~1932)　83, 93~96, 176~179,
184, 189, 192, 193

독일의 사회주의자. 일찍이 사회주의 사상을 갖고 영
국에 가(1888) 엥겔스와 사귀었다. 마르크스주의를 재
검토해본 결과 수정할 필요가 있다고 보고 마르크스
이론을 비판하며 수정마르크스주의를 제창하여 점차
적 개량을 주장하였다. 후에 국회의원을 역임하였다.

마르크스의 변증법과 유물론을 칸트의 비판철학에 의
해 보충하려 한 것이 그의 특징이며 이러한 수정주의
는 독일, 러시아 사회주의 일부에 큰 영향을 주었다.

베벨 Bebel, August (1840~1913)　47, 50, 113, 117, 143, 144, 150

독일 사회민주당 및 제2인터내셔널의 창설자이자 지
도자. 도제, 행상, 선반공 생활을 거쳐 1861년부터 사
회주의 운동에 투신하여 독일 사회민주당을 지도했
다. 1866년 국제노동자협회에 가입, 1865년 라이프치
히 노동자협회 의장, 1868년 국제노동자협회 제5회 대
회 의장 등을 역임했다. 수차에 걸쳐 투옥되기도 했다.
1865년 이후 약 40년간 의원 생활을 했다. 초기에는
사회민주당의 좌파로서 베른슈타인의 수정주의와 싸
웠으나 점차 타협주의로 기울어져 엥겔스 사망 후에
는 중도파적 입장을 취했다.

브란팅 Branting, Karl Hjalmar (1860~1925)　85, 197

스웨덴의 정치가. 1889년 사회민주노동당을 조직해
당수가 되고, 1917~1918년 자유사회당 내각의 재정상
財政相, 1917년 스톡홀름 회의 및 기타 국제 사회민주주
의 회의의 의장을 역임했다. 제1차 세계대전 때에는
중립을 유지했다. 1920~1925년에 수상首相을 지내고
국제연맹의 초대 스웨덴 대표를 지냈다. 1921년 노벨
평화상을 수상했다.

브레스콥스카야 Breschkowskaja, Ekaterina Konstantinovna (1844~1934)　20

러시아의 혁명가. '러시아 혁명의 산파'라고 불린다.

207

1870년 혁명운동에 투신해 러시아 정치 해방노동당을
만들고 1902년 사회당을 합쳐 중앙위원이 되었다. 시
베리아로 유랑한 뒤에 케렌스키 정부를 지지했고, 그
뒤에는 미국에 망명해 반소反蘇운동을 지도했다.

ㅅ

샤이데만Scheidemann, Pilipp (1865~1939) 85, 89, 196

독일 사회민주주의의 극단적 우익 기회주의 진영의
지도자 중 한 사람. 독일의 1918년 11월 혁명 동안 스
파르타쿠스 동맹에 대한 대학살을 사주했다. 1919년에
정부 수반, 1918년과 1921년 사이의 독일 노동계급운
동의 유혈진압 조직자 중 한 사람.

슈티르너Stirner, Max (본명: Johann Gasper Schmidt) 174

독일의 철학자. 베를린, 에를랑겐 등에서 언어학, 신
학, 철학을 배우고 헤겔, 실라이에르마허 등의 강의를
들었다. 졸업 후 한때 교사 · 신문기자로 일했다. 그는
플라톤에 심취한 철저한 반사회적 개인주의자로서 개
체, 즉 자아만이 실재하며, 그 밖의 것은 자아에 따르
는 한에 있어서만 가치가 있다고 하여, 모든 사회적
권위를 허망이라고 하는 무정부주의에 도달했다.

스트루베Struve, P.B. (1870~1944) 77

러시아의 부르주아 경제학자이자 정치평론가, 카데
트당 지도자의 한 사람. 1890년대에는 '합법적 마르크
스주의'의 대표자였다. 스트루베는 최초의 저작 『러시

아 경제 발전에 대한 비판적 평론』(1894)에서 인민주의를 비판했으며 마르크스의 경제 및 철학 학설의 '보완'과 '비판'을 내세웠다. 그는 부르주아 비속 경제학의 대표자들과 연대했으며 마르크스주의와 노동운동을 부르주아지의 이해에 순응시키고자 했다. 1905년에 카데트당이 창립된 이후 그 중앙위원회 의원으로 활동했다. 러시아 제국주의의 이데올로그의 한 사람으로서 반혁명적인 브랑겔Wrangel 정부의 각료가 됐다.

스펜서 Spencer, Herbert (1820~1903)   33

영국의 철학자, 심리학자, 사회학자이자 실증주의의 유명한 대표자. 이른바 사회 유기체설 창시자 중 한 사람. 사회적 불평등을 정당화하려 시도하면서 인간 사회를 동물 유기체에 비교하고 생물학적 생존투쟁설을 인류 역사에 옮겨 적용했다. 스펜서의 반동적인 철학 및 사회학 견해는 그를 영국 부르주아지의 가장 통속적인 이데올로그의 한 사람으로 만들었다. 주저로『종합철학 체계』가 있다.

ㅈ

조레스 Jaures, Jean Leon (1859~1914)   176

프랑스의 사회주의자, 정치가, 철학자. 마롱의 저서를 읽고 사회주의자가 된 이후 1885년 하원의원에 당선되었고 1893년 사회당에 입당했다. 제2인터내셔널 대회에서 베벨과 논쟁했고 프랑스 사회주의의 일간

지 『위마니테』를 창간했다. 그는 헤겔좌파의 유물론
과 루터, 칸트, 피히테의 유심론의 종합과 필요성을 강
조했다. 드레퓌스를 지지하고 평화론을 제창하다가,
제1차 세계대전 전야에 암살당했다.

ㅊ

사회혁명당의 지도자이자 이론가 중 한 사람. 1902~
1905년에 사회혁명당 중앙기관지 『혁명 러시아』의 편
집자로 활동했다. 마르크스주의에 반대하는 논문을
썼고 마르크스의 이론이 농업에는 적용될 수 없다는
것을 증명하려 했다. 체르노프의 이론적 저작에는 주
관적 관념론과 절충주의가 수정주의와 인민주의자의
유토피아적 사상과 결합되어 있다.

1917년 2월 부르주아 민주주의혁명 이후, 부르주아 임
시정부에서 농업상을 지냈고, 지주의 토지를 탈취한
농민들에 대해 가혹한 탄압을 조직했다. 1920년에 망
명, 국외에서 반소비에트 활동을 계속했다.

ㅋ

독일 사회민주당과 제2인터내셔널의 지도자 중 한 사

람. 처음에는 마르크스주의자였으나 나중에는 마르크스주의의 배신자가 됐다. 독일 사회민주당의 이론지『신세대』의 편집자로 활동했다.

1874년에 사회주의 운동에 가담했다. 당시 라살레주의, 신멜서스주의, 무정부주의가 혼합된 견해를 취했다. 1881년에 마르크스 및 엥겔스와 알게 되었고 그들의 영향을 받아 마르크스주의로 넘어갔다. 1880년대와 1890년대에 마르크스주의 이론의 제문제에 관한 여러 저작을 썼다. 나중에 혁명운동이 광범하게 전개되었을 때 독일 사회민주당에서 중앙주의의 대표자가 되었다. 제1차 세계대전 중에 사회 국수주의의 입장을 옹호했고 이것을 국제주의에 관한 잡설로 위장하려 했다. 사회주의 10월 혁명 후에 공공연히 사회주의혁명과 프롤레타리아독재, 소비에트 권력에 반대했다.

케렌스키 Kerenski, Aleksandr Fyodorovich (1881~1970) 37, 127

소련의 정치가. 페테부르그 대학에서 법률을 배우고, 변호사가 되었다. 2월 혁명(1917)시, 리보프의 임시정부에서 법상法相을 역임했고, 우세한 사회혁명당의 수령으로서 정부 내의 중진이 되었다. 동년 5월 육군상, 7월에는 수상이 되어 연합국과 결탁, 대독불對獨佛 전쟁을 계속했으나, 볼셰비키의 10월 혁명으로 국외로 탈출했고 이후 영국, 프랑스, 미국 등에서 망명 생활을 계속했다.

211

쿠겔만Kugelmann, Ludwig (1830~1902)

독일의 사회민주주의자로 마르크스의 친구였다. 18
48~1849년의 독일 혁명에 참가. 제1인터내셔널의 회
원이자 로잔느(1867)와 하그(1872)의 인터내셔널 대회
의 대의원이었다. 마르크스의『자본론』의 출판과 보급
을 지원했다. 1862년부터 1874년까지 마르크스와 편
지를 교환했고 마르크스에게 독일의 상황을 알려주었
다. 마르크스가 쿠겔만에게 보낸 편지는 1902년『신시
대』지에 처음으로 공개되었다. 그리고 1907년에는 레
닌이 서문을 쓴 러시아 번역본이 출간되었다.

크로포트킨Kropotkin, Pyotr Alekseeivich (1842~1921)

소련의 지리학자이자 무정부주의자. 귀족 출신으로
모스크바에서 태어났다. 1872년 스위스 방문 시 제네
바에서 국제 노동자협회의 일원이 되었으나, 동 협회
가 보수적이라 여겨 무정부주의를 신봉했다. 귀국 후
서구西歐에 도피, 영국과 스위스를 거쳐, 1877년 파리
에 이르고, 사회주의 운동에 참가했다.

알렉산드로 2세 암살 사건 후 스위스에서 추방되어 런
던에 이주했다가 1882년 다시 토논에 귀환했다. 그는
무정부주의의 이론가로서 매우 유능하여 저서도 많이
내고 후세에 많은 영향을 주었다. 러시아 혁명 후 귀
국, 사망하기까지 모스크바 부근에 거주했다.

인명 색인

옹Lyon의 운수회사에 근무했다. 『재산이란 무엇인가』
를 써서 사유재산을 비판해 유명해졌다. 그 후 국민의
회 의원으로 선출되었고 자신이 설립한 신문을 통해
사회개혁안을 제출했다. 정의의 관념에서 사회적 불
의를 공격했다. 마르크스는 『철학의 비곤』에서 그의
사상을 비판하였다.

플레하노프Plechanow, G. W. (1856~1918) 20, 73, 77, 86, 89, 95,

173, 174, 196

러시아의 혁명가로 국제 노동운동을 주도한 대표적인
인물. 러시아에서 최초로 마르크스주의를 선전하기도
했다. 1883년에 제네바에서 최초의 러시아 마르크스
주의 조직인 '노동 해방' 그룹을 창립했다. 인민주의와
투쟁했으며 국제노동운동에서의 수정주의에 반대했
다. 20세기 초에는 레닌과 공동으로 신문 『불꽃』과 잡
지 『서광』을 편집했고 러시아 사회민주노동당 제2차
대회의 준비에 참가했다.

러시아 사회민주노동당 제2차 대회 이후 플레하노프
는 기회주의에 대해 조정자調停者의 입장에 섰고 그 후
멘셰비키에 가담했다. 1905~1907년의 혁명기에는 모
든 기본 문제에서 멘셰비키적 입장을 옹호했다. 그는
농민의 혁명적 역할을 과소평가했고 자유주의적 부르
주아지와의 동맹을 요구했다.

반동과 새로운 혁명적 고양의 시기에는 마르크스주의
의 마흐주의적 수정과 청산주의에 반대했고, '당에 충

실한 멘셰비키' 그룹의 선두에 섰다. 제1차 세계대전 당시 사회 국수주의의 입장으로 옮겨갔으며 멘셰비키적 조국방어 전술을 옹호했다. 1917년 2월의 부르주아 민주주의혁명 후 러시아에 귀환하여 멘셰비키적 조국 방어파의 극우 그룹 '통일'을 주도했다. 러시아는 사회주의로 이행할 만큼 성숙해 있지 않다는 생각에서 볼셰비키에 적극 반대했으며 사회주의혁명에도 반대했다. 사회주의 10월 혁명에는 부정적인 태도를 취했지만 소비에트 권력에 대한 투쟁에는 가담하지 않았다.

ㅎ

헨더슨Henderson, Arthur (1863~1935)　85

영국의 정치가. 글래스고우에서 태어났다. 처음에는 노동조합운동을 지도했고, 1903년에는 다알링턴 시장과 노동당 하원 위원을 역임했다. 1908년 노동당 당수가 된 후 노동당 육성에 전력했다. 1915년 문교상, 1917년 러시아 파견 특사를 거쳐 제1차 노동당 내각의 내상, 제2차 노동당 내각의 외무상을 역임했지만, 맥도날드 수상이 거국 내각을 조직했을 때 이를 반대하는 노동당의 당수가 되었다. 1932년 제네바 군축회의 의장으로 활약했고, 1934년 노벨 평화상을 받았다.

사항 색인

사항 색인

219

221